PLAN
der
STADT COELN
und der
Umgebung.
Angefertigt zum Zwecke der Stadterweiterung.
Cöln, im Mai 1876.

Die Kölner Ringe

Hiltrud Kier un

Die Köln

Geschichte und

Vista P

Werner Schäfke

er Ringe

anz einer Straße

Verlag

Umschlagvorderseite: Hohenzollernring. Foto um 1902
Umschlagrückseite: Opernhaus und Habsburgerring. Farbdruck um 1910
Vordere Umschlagklappe: Hohenstaufenring und Opernhaus auf einer Postkarte um die Jahrhundertwende
Vorsatz vorn: Plan der Stadt Köln von 1876 (»König Rhein«) für den Wettbewerb zur Stadterweiterung. Vorlage: Historisches Archiv der Stadt Köln
Vorsatz hinten: Wettbewerbsplan zur Gestaltung der westlichen Ringstraße 1980. Vorlage: Stadt Köln
Frontispiz: Lageplan der Ringstraße zu Köln von J. Stübben. (Aus: Köln in hygienischer Beziehung, Festschrift, Köln 1898, S. 56/57)

Dieser Bildband entstand mit freundlicher Unterstützung der Allianz Versicherungs-AG, der Gothaer Versicherungsbank VVaG, der Kölner Bank von 1867 und der Stadtsparkasse Köln.

Layout und Produktion: Andreas Schulz
Redaktion: Horst Schmidt-Brümmer

© Vista Point Verlag, Köln 1987
Alle Rechte vorbehalten
Gesamtreproduktion: Miess & Voswinkel GmbH, Köln
Satz: Froitzheim Satzbetriebe, Bonn
Druck: Rasch, Bramsche
Buchbinderische Verarbeitung: Hunke & Schröder, Iserlohn

Printed in West Germany

ISBN 3-88973-066-3

Inhalt

Vorwort

Die großen Städte im nördlichen Europa sind geprägt vom opulenten Städtebau des 19. Jahrhunderts. Ein Spaziergang über die Wiener Ringstraße macht dies ebenso deutlich wie eine Fahrt über die Pariser Boulevards. Auch Köln reihte sich einst in den Kranz dieser bedeutenden Städte ein – vor allem mit seiner Ringstraße, deren Pracht heute fast nur noch in Fotos überliefert ist. Dieser Bildband lädt ein zu einem optischen Spaziergang über »die Ringe«, wie es in Köln kurz heißt. Es ist ein Spaziergang vom Theodor-Heuss-Ring, dem ehemaligen Deutschen Ring, zum Ubierring, und manchen mag die Bilderfolge wehmütig stimmen angesichts des Verlustes in den Jahrzehnten von Krieg und Neuaufbau. Erhalten geblieben aber ist die städtebauliche Grundsubstanz, die wiederzugewinnen man zur Zeit bestrebt ist auf der Grundlage des Wettbewerbs von 1980.

Dabei geht es nicht um Rekonstruktion, sondern um Neugestaltung des alten Stübbenschen Ringstraßenplanes für die Bedürfnisse unserer Zeit, zu denen ganz selbstverständlich auch der Autoverkehr gehört.

Von den alten Prachtbauten ist wenig erhalten. Noch vor fünfzehn Jahren akut gefährdet, sind die letzten Reste heute jedoch so geschätzt, daß man sie wie kostbare Schmuckstücke auf einem gelegentlich doch recht schlicht geratenen neueren (Architektur-)Kleid trägt. Diese Spuren einstigen Glanzes in unserer Gegenwart und die Fülle, die die Bilder für die Vergangenheit bezeugen, berichten aus einer entscheidenden Epoche der Geschichte unserer Stadt. Acht Jahrhunderte lang war das Stadtbild fast unverändert geblieben. Mit Abriß der Mauer, Eingemeindungen und einem Bauboom in einem Gebiet, das man von Grund auf gemäß den eigenen Vorstellungen gestalten konnte, gab sich das späte 19. Jahrhundert mit den Ringen eine Prachtstraße, in der sich die Epoche selbst darstellte. Mit prunkvollen Wohnhäusern und Villen, Museen, Schulen, Kirchen und Denkmälern gestaltete man sich eine Umgebung, die den eigenen Wünschen entsprach und uns Einblick nehmen läßt in eine vergangene Zeit.

Hiltrud Kier   *Werner Schäfke*

Hohenzollernring 53, Rest der Wohnhausgruppe Nr. 51–55 (1884/85 von Carl August Philipp [vgl. Tafel 65])

Habsburgerring 22 (1886/87 von Carl Zaar); 1972 als Blickfang renoviert, 1976 nach dem dritten Brand abgebrochen

Die Kölner Ringstraße in der Neustadt

Von Hiltrud Kier

Ein Jahrhundert Stadtbaukunst

Die Neustadt ist die seit 1880 von Josef Stübben geplante und seit 1881 von ihm auch ausgeführte Stadterweiterung von Köln, die sich halbkreisförmig um die (seit damals so benannte) Altstadt legt. Sie umfaßt das Gebiet zwischen den inneren und den äußeren Wallstraßen. Ihr Kernstück ist die Ringstraße (in Köln später »die Ringe« genannt), jener einst abwechslungsreich gestaltete Prachtboulevard, auf den die gesamte städtebauliche Planung der Neustadt mit ihren Straßen, Plätzen, Grünanlagen und öffentlichen Bauten (Kirchen, Oper, Museen etc.) ausgerichtet wurde.

Die Stadt Köln, seit der Mitte des 1. Jahrhunderts n. Chr. von einer Mauer umwehrt, war erstmals im 10. Jahrhundert nach Osten (ehem. Rheininsel) erweitert worden, dann ein zweites Mal 1106 nach Norden, Westen und Süden; mit der dritten Stadterweiterung von 1180, die die alte Stadt in weitem Halbkreis mit einer mächtigen Mauer umgab, erreichte Köln den Rang, größte Stadt des deutschen Mittelalters zu sein. Innerhalb dieses schützenden Mauerrings, der niemals erobert wurde, entwickelte sich die Stadt in langsamem, stetigem Wachstum; noch zu Beginn des 19. Jahrhunderts war hier Platz für ausgedehnte Privatgärten. Mit dem Fortschreiten der Industrialisierung aber stieg in der ersten Hälfte des 19. Jahrhunderts auch in Köln die Bevölkerung sprunghaft an: Lebten 1816 noch etwa 50 000 Menschen hier, so waren es 1858 bereits mehr als doppelt soviel und 1880 nahezu 150 000. Längst waren die 1802 mit der Säkularisation aufgehobenen Klostergärten parzelliert und dicht besiedelt. Die nächste Erweiterung der Stadt wurde zu einer Lebensfrage. Der Ausdehnung aber standen die Befestigungsanlagen im Wege; denn Köln war seit der Eingliederung des Rheinlandes in das Königreich Preußen im Jahre 1815 Festung geworden, deren Befestigungsanlagen die alte Stadtmauer, ein davor liegendes breites Schußfeld (Rayon) mit elf Forts und sieben Lünetten umfaßten. Insbesondere das Bauverbot in dem etwa einen Kilometer breiten Rayon behinderte die Stadt in ihrer Entwicklung, da vor allem die neuen Industriebetriebe sich nur außerhalb der Stadt ansiedeln konnten. Die Verteidigungskraft der gesamten Befestigung aber war mit der weiteren Ausbildung des Geschützwesens spätestens seit der Mitte des 19. Jahrhunderts überholt. So verlangte also um 1860 die Frage einer Neuregelung der Festungsverhältnisse sowohl von städtischer wie von militärischer Seite nach einer Lösung. Das Aushandeln möglichst günstiger Bedingungen für jede dieser Seiten, verbunden mit der Grundsatzfrage,

wer die entstehenden Kosten zu tragen habe, kennzeichnet die etwa zwanzigjährigen zwischen Stadt Köln und preußischer Militärverwaltung geführten Verhandlungen, die durch die Bedürfnisse mehrerer Eisenbahngesellschaften noch komplizierter wurden.

1861 wurde eine erste Kommission des Kölner Stadtrates gebildet, die sich mit dem Problem der Stadterweiterung beschäftigen sollte, und 1864 legte der städtische Baurat Biercher eine »Denkschrift betreffend die Erweiterung der Stadt Köln...« vor. In dieser Denkschrift weist Biercher nachdrücklich auf die gestiegenen Bevölkerungszahlen in Köln und auf den Mangel an Wohnungen hin, der sich durch die projektierten Erweiterungen der Eisenbahnen noch vermehren werde. Um einer weiteren Abwanderung der Bevölkerung in die Ortschaften vor den Toren Kölns Einhalt zu gebieten, müsse durchgreifende Abhilfe geschaffen werden. Da eine Aufhebung der Festungseigenschaft von Köln nicht zu erreichen sei, spricht sich Biercher für eine Verlegung des Festungsgürtels ungefähr in die Mitte des Rayons aus, um in dem freiwerdenden inneren Teil des Rayons die Stadterweiterung durchführen zu können. Das einzige Bedenken sieht Biercher in den Kosten für die neuen Befestigungsanlagen. Unglücklicherweise rechnet er den Preis des freiwerdenden Bauterrains gegen die neu zu errichtende Befestigung auf und gibt deren Kosten mit zwölf Millionen Mark an – eine Zahl, an der die Militärbehörde in den späteren Verhandlungen immer festhielt. Der Denkschrift fügte Biercher auch einen einfachen Plan mit der Möglichkeit der Terrainaufteilung bei: eine 35 Meter breite baumbestandene Ringstraße nach Art der Berliner oder Pariser Boulevards mit drei größeren Plätzen und acht Querstraßen. Die mittelalterliche Stadtmauer will er bis auf einige Torburgen »von nicht geringem antiquarischem Werthe« abbrechen, wobei er davon ausgeht, daß »die auf den Thoren vorhandenen Wohnungsräume, die bisher zur Unterbringung der Militär-Sträflinge etc. benutzt werden, auch in Zukunft als Wohnungen benutzt werden dürfen«. In seinen handschriftlichen Erläuterungen zu der Denkschrift betont Biercher noch einmal ausdrücklich den Prachtcharakter der projektierten ringförmigen Hauptstraße, wo nicht nur einheimische bemittelte Einwohner palastähnliche Wohngebäude aufführen könnten, sondern die auch auswärtige wohlhabende Leute veranlassen werde, nach Köln zu ziehen und sich hier anzusiedeln. Wie sehr die Befürchtung einer Wertminderung von Grund und Boden von Anbeginn die Frage der Stadterweiterung begleitete, zeigt der letzte Absatz in Bierchers handschriftlichen Erläuterungen: »Bei der Besprechung des vorliegenden Projectes ist, wie verlautet, hin und wieder die Befürchtung ausgesprochen worden, daß dessen Ausführung einigen Bauspeculanten und namentlich solchen, welche den Aufkauf und die Parzellierung von Baustellen sich zum Geschäft gemacht haben, zum Nachtheil gereichen würde. Unternehmen dieser Gattung mögen sich indess beruhigen, indem die Erfahrungen, welche bei anderen Städten zu Tage getreten sind, das gerade Gegentheil beweisen. So sind z. B. in Breslau während der Ausführung der Stadterweiterung nicht allein die in den neuen Stadttheilen gelegenen allerdings von Gutsbesitzern und Rentnern sehr gesuchten Baustellen im Preise sehr gestiegen, sondern es ist auch fast gleichzeitig der Grund und Bodenwerth in der Altstadt Breslau, sowie der Häuserwerth daselbst vorzugsweise durch die Concurenz der Geschäftsleute auf eine früher nie geahnte Weise gestiegen. Derselbe Fall ist bei der jetzt in Ausführung begriffenen Stadterweiterung zu Wien an den Tag getreten, wo die Vertheuerung des Grund und Bodens in der inneren Stadt mit jenem in den neuen Stadttheilen gleichen Schritt hält.« Bierchers Vorschläge wurden zwar nicht weiterverfolgt, da die Stadtverordneten es für günstiger hielten, abzuwarten, bis der Staat das Bedürfnis nach einer Änderung habe, da dann die Verhandlungsposition der Stadt wesentlich besser sei – seine stadtplanerischen Ideen einer baumbestandenen breiten Ringstraße mit »Prachtgebäuden« in Verbindung mit größeren Plätzen vor dem Severins-, Hahnen- und Eigelsteintor aber blieben durch das Programm zum Wettbewerb von 1880 bis zur Ausführung seit 1881 erhalten. Auch seine Voraussagen zur Entwicklung der Grundstückspreise trafen (leider) zu.

Das Jahr 1868 brachte einen neuen Anstoß zur Stadterweiterung. Eine Reihe von Handwerkern stellte unter Leitung des späteren sozialdemokratischen Reichstagsabgeordneten Rittinghausen den Antrag an den Stadtrat, eine Stadterweiterung auf dem rechten Rheinufer zu verfolgen. Eine solche Erweiterung brächte den Rhein in die Mitte der Stadt, die durch den unaufhörlichen starken Luftzug auf dem Strom einen wohltätigen Einfluß auf die Gesundheit der Bevölkerung zu beiden Rheinseiten erhielte. Auf dem rechten Rheinufer würde sich auch ausreichender Raum für große Handels- und Industrieanlagen finden, der bei einer linksrheinischen Erweiterung nicht zu erwarten sei. Außerdem führten die Handwerker zu Recht an, daß im linksrheinischen Gebiet bei einer Verschiebung der neuen Festungsanlagen in die Mitte des Rayons die davor liegenden Ortschaften geschädigt würden. (Bei der später doch in dieser Weise erfolgten Verschiebung der Festungsanlagen fiel dieser Umstand 1884 auch dem besichtigenden Kaiser Wilhelm I. auf, der als schärfstes Zeichen seiner Unzufriedenheit zunächst »Hm! Hm!« sagte und dann den Generalinspekteur von Biehler fragte: »Und alle diese blühenden Städte hier dicht vor der Front?« Zu dieser Front ist es glücklicherweise nie gekommen, denn bereits zehn Jahre nach Fertigstellung der kostspieligen, aber nutzlosen neuen Festungswerke begannen die Verhandlungen über ihren Abbruch.) Der Vorschlag Rittinghausens und der Handwerker, die Stadterweiterung auf der rechtsrheinischen Seite (im Osten) durchzuführen, wäre also

auch aus militärischer Sicht interessant gewesen, da die Verteidigung vor allem gegen Westen, gegen Frankreich, gerichtet war. Die Kölner Stadtverordneten aber empfanden diese Idee als geradezu abwegig und diskutierten sie nicht einmal. Dazu muß man wissen, daß das rechtsrheinische Gebiet für die Kölner jahrhundertelang »feindliches Ausland« war und noch heute, fast hundert Jahre nach der Eingemeindung, von den Linksrheinischen als die »Schäl Sick« (= schiefe, blinde Seite) bezeichnet wird. Verstärkt wurde die Abneigung der Kölner Ratsherren, im Jahre 1868 über dieses Thema auch nur zu diskutieren, vermutlich noch dadurch, daß weder sie noch die Stadt Köln in dieser Gegend Grundbesitz hatten.

1869 machte erstmals ein privates Unternehmen, die Kölner Bank Eltzbacher, der Militärbehörde das Angebot, das Festungsgelände mit der mittelalterlichen Stadtmauer für 13½ Millionen Mark zu kaufen. Die Stadtverordneten begrüßten diese Initiative, da die Stadt auf diese Weise mit der Erweiterung keine Arbeit und kein finanzielles Risiko habe. Aber aus der Sache wurde nichts. Erst nach dem Kriege von 1870/71 wird die Diskussion um die Stadterweiterung wiederaufgenommen. Seit 1873 legte der Militärfiskus in einem weiten Umkreis um die Kölner Vororte einen Befestigungsring mit detachierten Forts und Zwischenwerken, die durch die Militärringstraße verbunden wurden (Fertigstellung 1881). Damit sah die Militärbehörde keine Notwendigkeit mehr, die weiter innen liegenden Befestigungen zu ändern. Aufgegeben werden konnte der innere Befestigungsring aus militärischen Gründen angeblich auch nicht – ein solches Zugeständnis hätte zweifellos seinen Verkehrswert erheblich geschmälert.

1874 gab es erstmals konkrete Verhandlungen zwischen der Militärbehörde und der Stadt Köln, in Anwesenheit der Eisenbahngesellschaften. Dabei schlug das Militär zwei unterschiedlich große Projekte vor. Die Stadt sprach sich schnell für Verhandlungen um das kleinere Projekt aus, obwohl das größere wünschenswerter und vernünftiger gewesen wäre. Auch bei dieser Überlegung spielte die Frage nach den Grundstückspreisen die entscheidende Rolle, wie zutreffend in einem Bericht der Kölnischen Volkszeitung vom 1. März 1874 betont wurde: »Das kleinere Project, indem es mit einem Male das Areal der Stadt verdoppelt, wird ein sehr fühlbares Sinken des Grundeigenthumes in der Altstadt herbeiführen, zumal für die mittelmäßigen und schlechteren Lagen. Wie groß wird erst die Entwerthung sein, wenn eine plötzliche Vergrößerung bis zum Vierfachen des jetzigen Areals eintritt!« Außerdem befürchtete man, daß bei dem größeren Projekt, das zwei vorwiegend von Arbeitern besiedelte Vororte (Ehrenfeld und Nippes) einschließen würde, größere Sozialkosten auf die Stadt Köln zukämen.

Die Verhandlungen zwischen Militärfiskus und Stadt Köln schleppten sich in den folgenden Jahren hin, bis schließlich 1877 dem Kriegsminister wieder von privater Seite ein Angebot zum Ankauf des Festungsterrains gemacht wurde: Ein belgisches »Capitalisten-Consortium« bot knapp zwölf Millionen Mark unter der Bedingung, daß die mittelalterliche Mauer bis auf wenige Reste abgebrochen werden dürfe. Die Kölner Stadtverordneten begrüßten diese Initiative und verzichteten ausdrücklich auf ihr Vorkaufsrecht. Der Kriegsminister akzeptierte das Angebot Ende 1878 und verlangte eine Kaution, die die Stadt Köln übernehmen wollte, wofür sie etwa ein Drittel des Terrains für die Anlage von Straßen und öffentlichen Plätzen erhalten sollte. 1879 kam es zu einem Vertrag zwischen dem Konsortium und der Stadt Köln, die zusätzlich zur Kaution drei Millionen Mark an das Konsortium zahlen sollte; trotzdem war sie froh, auf diese Weise ohne größeres eigenes Risiko die Stadterweiterung zu erreichen. Zum Vertrag gehörte ein schematischer Bebauungsplanentwurf, der die einfachst mögliche und nur unter wirtschaftlichen Gesichtspunkten vorgenommene Parzellierung des freiwerdenden Festungsterrains vorsah. Die Straßenaufteilung bezog sich lediglich auf das von dem Konsortium zu erwerbende Festungsterrain und war in keiner Weise auf das dahinterliegende ja auch zur Bebauung freiwerdende Privatterrain bis zur geplanten neuen Umwallung angelegt. Selbstverständlich war das Konsortium an einer Bebauung dieses Geländes nicht interessiert; es hatte in den Verhandlungen mit dem Kriegsminister sogar (vergeblich) versucht, für dieses Gebiet die Aufrechterhaltung der Rayonbeschränkungen bis 1889 zu erwirken, um die Konkurrenz im Grundstückshandel auszuschalten. Die endgültige Unterzeichnung dieses Vertrages scheiterte an dem Konsortium, das die Stadt längere Zeit hinhielt und immer neue Bedingungen stellte.

Die Stadterweiterungsfrage war allerdings inzwischen so akut geworden, und man hatte auch schon so lange öffentlich darüber diskutiert, daß die Stadt schließlich in Zugzwang geriet und die Verhandlungen selbst in die Hand nehmen mußte. Am 15. April 1880 genehmigte der Stadtrat das Programm für einen städtebaulichen Wettbewerb; dieser wurde am 15. Juli 1880 ausgeschrieben. Parallel dazu nahm die Stadt mit dem Kriegsminister Gespräche auf, die schließlich am 23. Februar 1881 mit dem Vertragsabschluß beendet wurden, nach dem die Stadterweiterung erfolgen konnte. Dabei kaufte die Stadt Köln für knapp zwölf Millionen Mark die eigene Stadtmauer und das zugehörige Militärgelände mit den meisten der davor gelegenen Forts und Lünetten – obwohl ein juristisches Gutachten des Trierer Landgerichtspräsidenten Graeff der Stadt das Eigentumsrecht an den Festungswerken zusprach und ein entsprechender Antrag des Kölner Abgeordneten Rittinghausen im Reichstag zu Berlin positiv behandelt worden und vor allem von dem Abgeordneten Dr. Reichensperger unterstützt worden war. Dem Sozialdemokraten Rittinghausen ging es in erster Linie um möglichst niedrige Bodenpreise in Köln, um billige Wohnungen bauen zu können, während der katholisch-konservative Reichensperger mit der kostenfreien Übernahme der Befestigungswerke die Möglichkeit sah, die mittelalterliche Stadtmauer und ihre Tore zu erhalten. Die Stadt Köln selbst aber erhob in den Verhandlungen keinen Anspruch auf ihre Stadtmauer, sondern war von Anfang an bereit, dafür zu bezahlen – und die Mauer dann (mit Hinweis auf die hohen Erwerbungskosten, die amortisiert werden müßten) abzubrechen. Wenn man weiß, daß sich durch die jahrzehntelangen Verhandlungen immer wieder die Befürchtung der Kölner zog, durch das plötzliche große Grundstücksangebot bei einer Stadterweiterung sänken die Bodenpreise in der Altstadt, dann hat man

wohl den Schlüssel für das sonst fast unerklärliche Verhalten der Kölner Stadtverordneten: Der hohe Kaufpreis von fast zwölf Millionen Mark sollte hohe Grundstückspreise und als deren Folge den Abbruch der als störend empfundenen Stadtmauer gewährleisten. Beides wurde erreicht. Die seit 1881 betriebene Stadterweiterung, die Neustadt, geriet zu einem Musterbeispiel von Bodenspekulation durch die öffentliche Hand (die Stadt Köln verdiente in der Folge mehr als doppelt soviel an ihren Neustadtgrundstücken, als sie 1881 bezahlt hatte), und außerdem fiel gegen den erbitterten Widerstand aller Denkmalpfleger und Kunstfreunde die »unbesiegbare« Kölner Stadtmauer mit ihren Torburgen bis auf wenige Reste, obwohl gerade der Wettbewerbsplan von Ludwig Arntz (Tafel 14) bewiesen hatte, daß die Stadterweiterung auch ohne den Abbruch möglich gewesen wäre. Arntz, später Dombaumeister in Straßburg, schlug in seinem Plan mit dem kölschen Motto »Alaaf« zwischen Altstadt und Ringstraße einen schmalen Grünstreifen vor, in den die Stadttore eingebettet sein sollten und der auch die Erhaltung der gesamten Stadtmauer ohne viel Aufwand ermöglicht hätte. Eine solche Lösung wurde (allerdings erst nach der Jahrhundertwende) in Nürnberg möglich, wo die mittelalterliche Stadtmauer die gleichzeitige Diskussion um ihren Abbruch in den achtziger Jahren erfreulicherweise überlebt hatte.

Aus dem Wettbewerb von 1880, der 27 Teilnehmer zählte, gingen Josef Stübben und Karl Henrici aus Aachen mit insgesamt drei Plänen als Sieger hervor. Den ersten Preis erhielten sie für den Plan mit dem Motto »König Rhein« (Vorsatzblatt). In diesem Entwurf, der mit der vorgeschlagenen Verlegung des Hauptbahnhofes an die Stelle des Gereonsgüterbahnhofes auch stark in die Gestaltung der Altstadt eingreift, ist die große Ringstraße in unterschiedlicher Ausgestaltung mit Alleen oder Grünanlagen projektiert. Plätze mit öffentlichen Gebäuden liegen bevorzugt an diesem Prachtboulevard, auf den die gesamte Planung der Neustadt ausgerichtet ist. Seit dem 15. Juni 1881 leitete Stübben als Stadtbaumeister den Ausbau der Neustadt im wesentlichen nach diesen prämiierten Plänen; in den folgenden Jahrzehnten gelang es ihm glücklicherweise, seine Städtebauideale weitgehend zu verwirklichen.

Als Hauptstraße der Neustadt konnte die sechs Kilometer lange Ringstraße bereits 1886 feierlich eingeweiht werden. Von Stübben bewußt als eine »Kette festlicher Räume« gestaltet (Abb. 1), war sie glücklicherweise nicht als einförmiger Straßenzug angelegt, sondern in zehn Abschnitte von unterschiedlicher Breite und Gestaltung aufgeteilt. Ihre zehn Teile erhielten Namen aus der deutschen Geschichte. Die Endpunkte der einzelnen Abschnitte liegen zumeist an den Kreuzungen mit den ehemaligen Torstraßen und wurden als Platzanlagen individuell gestaltet, um die verschiedenen Straßenbreiten harmonisch ineinander zu überführen. Die gesamte Ringstraße war mit zwei oder drei Baumreihen besetzt, je nach Breite der Abschnitte auf erhöhtem Mittelwege oder auf den Bürgersteigen. Zusätzliche Grünanlagen entstanden an den besonders breiten Abschnitten des Sachsenringes (Tafel 94–97) und des Kaiser-Wilhelm-Ringes (Tafel 38–41) sowie des Deutschen Ringes (heute Theodor-Heuss-Ring; Tafel 28 u. 29). Die Häuser am

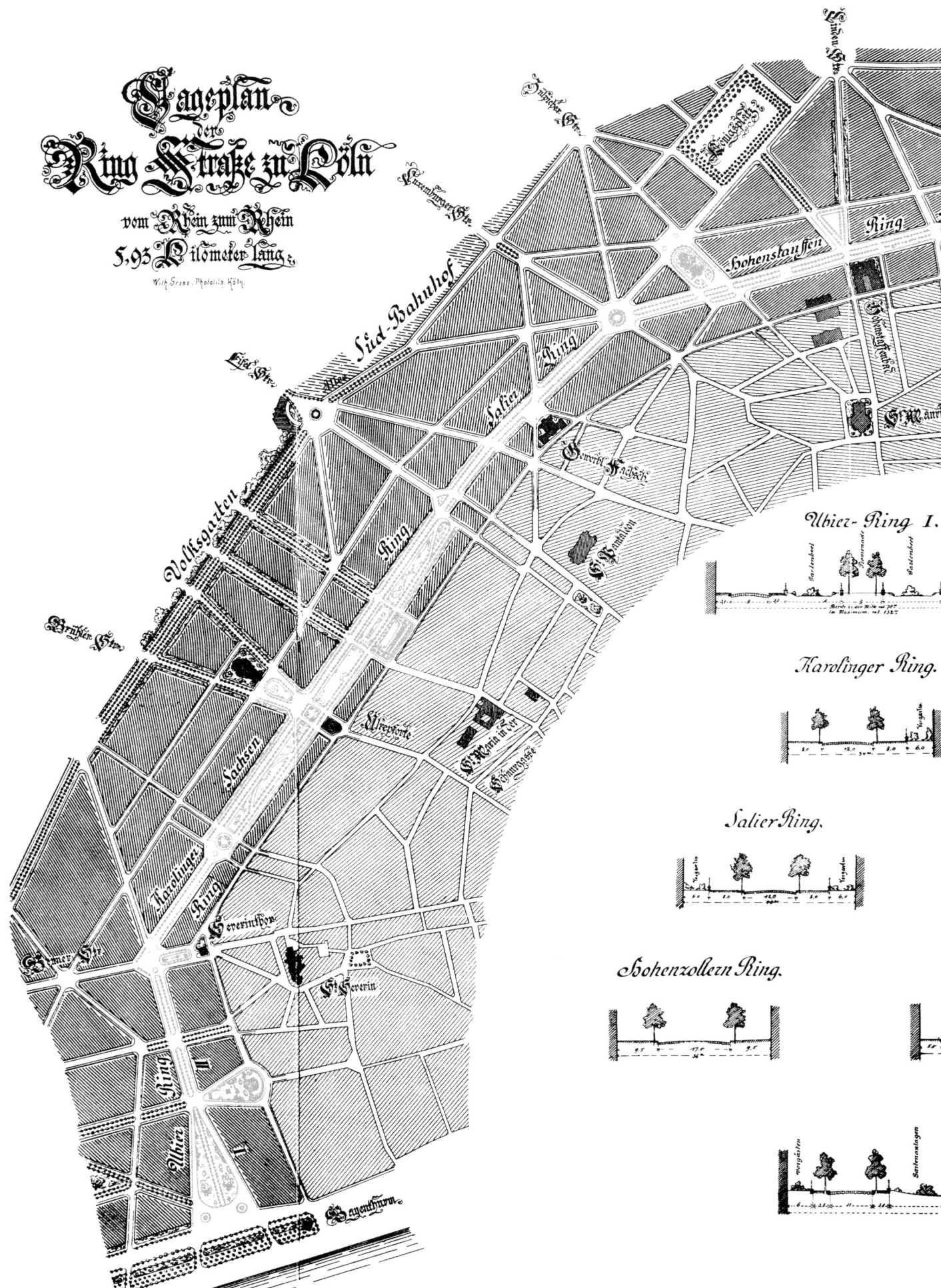

1 Lageplan
   der Ring-
   straße
   (aus: Köln
   und seine
   Bauten,
   Köln 1888)

Maasstäbe
für den Lageplan.

für die Profile.

Querprofile
Ringstraße.

Ubier Ring II.

Sachsen Ring.

...sen Ring.

Habsburger Ring.

Wilhelm Ring.

Hansa Ring.

...tscher Ring.

Hahnenthor

St.Gereon

Hohenzollern Ring

Stadtgarten

Kaiser Wilhelm Ring

St.Gereon

Central Güter Bahnhof

Hansa Ring

Strafanstalt

St.Apern

Eigelsteinthor

Neusser Str.

Deutscher Ring

Rhein

Salierring hatten Vorgärten, den Barbarossaplatz (Tafel 88) zierte ein großes rundes Wasserbassin mit Springbrunnen. In die Platzgestaltungen und gärtnerischen Anlagen wurden die dem Abbruch entgangenen Torburgen, Mauertürme und Mauerstrecken wie z. B. Severinstor (Tafel 102 u. 103), Hahnentor (Tafel 73 u. 78) und Eigelsteintor (Tafel 31), Bottmühle, Ulrepforte (Tafel 100 u. 101) und die Mauerreste an Hansa- und Sachsenring (Tafel 97) als besondere Blickpunkte einbezogen. Hier entstanden aber vor allem, vergleichbar der Wiener Ringstraße oder den Pariser Boulevards, die öffentlichen Bauten, deren prachtvolle Architektur auch den Kölner Ringen großstädtisches Flair verlieh: das Opernhaus am Habsburgerring (Tafel 74–77), das Hohenstaufenbad am gleichnamigen Ring (Tafel 82), das Kunstgewerbemuseum am Hansaplatz (Tafel 36), die Handelshochschule (später: Hansagymnasium) am Hansaring (Tafel 35), die Baugewerbeschule am Salierring (Tafel 90), die Maschinenbauschule, das Rautenstrauch-Joest-Museum (Abb. 2) und die Gewerbeförderungsanstalt (Abb. 3) am Ubierring. Auch die Kirchen wurden nach den jeweiligen Blickrichtungen ausgerichtet: die Agneskirche (Abb. 50) zum Deutschen Ring (heute Ebertplatz; Abb. 4), die evangelische Christuskirche (Abb. 55–57, Tafel 45) zum Kaiser-Wilhelm-Ring, die Michaelskirche zum Hohenzollernring, die Herz-Jesu-Kirche zum Zülpicher Platz (Abb. 53 u. 54, Tafel 87), die Pauluskirche (Abb. 47–49) zum Sachsenring. Die katholischen Kirchen wurden damit erstmals in Köln abweichend von der

3   Ubierring 40, Gewerbeförderungsanstalt für die Rheinprovinz (1906/07). Foto um 1910

2   Ubierring 45, Rautenstrauch-Joest-Museum (1904–1906 von Edwin Crones)

traditionellen Ost-West-Richtung nach rein städtebaulichen Gesichtspunkten angelegt.

Die Ringstraße war aber vor allem eine repräsentative Wohnstraße mit hochherrschaftlichen Bauten, in denen bevorzugt nach Kölner Tradition nur eine Familie wohnte, aber auch mit vornehmen Mietswohnungen für »ernste Leute«, wie das späte 19. Jahrhundert in zurückhaltender Form die Begüterten nannte.

Insbesondere stellten die Ringe auch die größte Grünanlage der Neustadt dar. Da Stübben die durch den hohen Bodenpreis bedingte intensive Bauausnutzung in den Baublöcken der Neustadt nicht beeinflussen konnte, kämpfte er als Stadtbaumeister um jeden Meter öffentliche Straßenfläche. Einzig die Breite der zusätzlich in vielen Fällen mit Bäumen bepflanzten Neustadtstraßen erlaubte dem Stadtbaumeister, Einfluß auf eine nicht allzu dichte Bebauung neuer Stadtviertel zu nehmen. Vor allem die Ringstraße bot die Möglichkeit zu abwechslungsreicher Bepflanzung in ästhetischer und stadthygienischer (heute sagt man: ökologischer) Hinsicht. Ein Bericht aus dem Kölner Stadt-Anzeiger vom 7. September 1907 läßt auch die Schwarzweißabbildungen dieses Bandes farbenfroh aufleuchten:

»Die Tage sind kurz geworden. Kaum hat die untergehende Sonne ihre letzten Strahlen auf die Erde geworfen, so tritt auch schnell die Dunkelheit ein. Mit den Ausflügen in die weite Entfernung oder die Umgegend der Stadt ist es vorbei.

Man müßte denn am frühen Morgen schon ausfliegen, um nachmittags zurückkehren zu können. Aber dazu hat nicht jeder die nötige Zeit. Warum auch in die Ferne schweifen, wo das Gute und Schöne so nahe liegt? Bleiben wir also jetzt im Herbst bei Mutter Colonia und erfreuen uns an ihrem Blumen- und Pflanzenschmuck. Jetzt ist die beste Zeit dazu. Nach den wenigen warmen Tagen und den Niederschlägen in letzter Zeit haben sich die städtischen Anlagen auf der Ringstraße in großartiger Weise entwickelt und zeigen sich jetzt in einem solchen kräftigen Zustande, wie man es sonst in der vorgeschrittenen Jahreszeit nicht gewöhnt war. Versuchen wir also einen Spaziergang vom Rhein zum Rhein.

Beginnt man den Spaziergang am Frankenwerft und geht rheinabwärts die schöne Rheinuferstraße entlang, so erreicht man bald den Deutschen Ring. Seit der Baumbestand, der als Hintergrund des Denkmals des Kaisers Friedrich angepflanzt wurde, zu ziemlicher Höhe aufgewachsen, wirkt das Reiterstandbild erheblich plastischer als früher. Wir schreiten hinter dem Denkmal auf schön gepflegten Wegen weiter; zu beiden Seiten zeigen sich uns schön entwickelte Rasenpartien und herrliche Ziersträucher, Nadelhölzer und sonderbar geformte Dornengewächse, dazwischen Akazien. Vorwiegend ist aber die Eiche vertreten, die nicht nur die inneren, sondern auch die äußeren Wege einfaßt. Nach Passieren der vorgenannten Anlage erreicht man einen still und tief gelegenen Weiher, der von kräftigen und hohen Weidenbäumen,

4 Platz der Republik (ehemals Deutscher Ring, heute Ebertplatz); Blick in die Neusser Straße mit St. Agnes. Foto um 1925

Akazien usw. eingefaßt ist. Bald darauf zeigt sich das große Wasserbassin mit dem Springbrunnen. Das Bassin ist von kräftig blühenden Pflanzen eingefaßt, unter denen vorwiegend weißblühender Phlox auffällt, der hochaufgeschossen seine Blütendolden zeigt; auch etwas violettblühender Phlox ist eingestreut verwandt. Dazwischen sind Blattpflanzen, Sonnenblumen, sogar einige auf den Rheinwiesen heimische Blumenarten geschickt verteilt. Rabatten, die mit grellrot blühendem Salve bepflanzt sind, schließen sich an das Bassin an. Links und rechts des Bassins zeigt sich frischgrüner Rasen mit Rabatten, die mit Begonien, Löwenmaul und Georginen bepflanzt sind, deren Einfassung aus mattgrünen oder silberfarbigen Zwergblattpflanzen besteht; günstig zur Aufstellung gebrachte Lorbeerbäume tragen ebenfalls viel zur Verschönerung der Anlage bei.

Nachdem man den Deutschen Ring verlassen, schreitet man auf dem Hansaring unter den noch kräftiges grünes Laub zeigenden Platanen auf schattigem Wege weiter, nach kurzer Zeit links eine Rasenlandschaft erblickend. Blumenschmuck ist hier nicht vertreten, aber geschickt angelegte Gehölzgruppen verfehlen auch hier ihre Wirkung nicht. Interessantes bietet diese Anlage insofern, als sie sich nach Osten zu an einen Überrest der alten Kölner Stadtbefestigung anschließt. Ein Halbturm, ein Stück Stadtmauer und ein Teil Wallgraben zeigen sich in ihrer alten Verfassung, für jeden Kölner, der das alte Köln nicht mehr gesehen, und für jeden Fremden gewiß ein interessantes Bild. Es zeigt, wie eng die Stadt bis zur ersten Stadterweiterung Jahrhunderte lang eingeschnürt war.

Wieder die Allee auf dem Hansaring benutzend, erreicht man bald den Kaiser-Wilhelm-Ring. Vorerst erblicken wir das Kaiser-Wilhelm-Denkmal, dessen Sockel auf einer mit dunklem Moos und Lattichpflanzen bewachsenen Felspartie aufgebaut ist. Das das Denkmal umgebende Wasserbassin ist von einem sehr anheimelnden Blumenarrangement eingefaßt, das man in seiner Eigenart in der Neuzeit selten mehr in städtischen Anlagen findet. Außer verschiedenen Lilienarten, schilfartigen Gewächsen und weißgrün gestreiften Gräsern sind allerhand Blumen vertreten, die man bis in die sechziger Jahre zurück in den meisten Hausgärten vorfand, z. B. Malve, Mohn, blauer und roter Fingerhut, Kasper, Rittersporn, Kamille, Nelke, Fette Henne, kleine Sonnenblume, sog. Studentenblume, Brennende Liebe, weiße und blaue Gebirgs-Herbstaster usw. Die Fortsetzung der Anlage am Denkmal bildet eine von Buchsbaumkugeln flankierte Rasenanlage. Eine größere Rasenanlage, die zu beiden Seiten von einer Lindenallee eingefaßt ist, bildet die Fortsetzung des Kaiser-Wilhelm-Ringes. Von Reben gebildete Girlanden ziehen sich von Baum zu Baum. Eine mit Efeu bepflanzte sanfte Böschung begrenzt die etwas tiefer als die Promenade gelegene Rasenanlage. Herrliche Rabatten und Medaillons treten mit ihrer Blumenpracht freundlich aus dem saftigen Grün hervor. Die Ecken der beiden gleichmäßig gehaltenen Rasenpartien, die durch das Kaiserin-Augusta-Denkmal unterbrochen sind, nehmen platt gehaltene Buchsbaum-Pyramiden ein. Den Glanzpunkt auf dem südlichen Teile des Kaiser-Wilhelm-Ringes bildet das Kaiserin-Augusta-Denkmal; das Marmor-Monument ist von einem sanft aufstrebenden Rondell umgeben, das mit hell- und dunkelblühenden Begonien bepflanzt ist, zu dessen Einfassung rostbraune und hellgrüne Blattpflanzen benutzt wurden.

Nach kurzer Wanderung über den Hohenzollernring, dessen Ulmenallee schon etwas licht geworden ist, zeigt sich uns auf der linken Seite das bis fast zur halben Höhe mit Efeu bewachsene Hahnentor; vor ihm ist eine von allerhand Gehölz, wie Akazien, Tannen, Hartriegel usw. eingefaßte Rasenpartie angelegt worden, die nach dem Ring zu mit einem Blumenrondell abschließt. Nur wenige Schritte weiter erblickt man gegenüber dem Opernhaus zehn sehr schön ausgeführte, mit grellroten Geranien besetzte Rabatten, die besonders deshalb sich dem Beschauer wirksam zeigen, da sie von keinem Baumbestand umgeben sind. Von hier aus unter einer noch gut belaubten Platanenallee über den Habsburgerring nach dem Hohenstaufenring gelangend, dessen Kastanienbäume schon zum größten Teil ihren Blätterschmuck verloren haben, erreicht man die schöne Anlage an der Herz-Jesu-Kirche. Der Pflanzenschmuck, der den der Ringstraße zu gelegenen Chor der Kirche umgibt, erregt die Bewunderung aller nicht achtlos Vorübergehenden. Im Vordergrund, an der Stelle, wo an der Kirche die Christusfigur angebracht ist, strahlt alles im schönsten Blumenflor, alle Arten sind wie achtlos durcheinander dicht zusammen angepflanzt, dahinter eine etwas erhöhte Rabatte mit Begonien und hochstämmigen blaßroten Fuchsien. Der übrige Teil ist mit Blattpflanzen, Taxus, Lebensbaum usw. besetzt. Aus allem diesem Strauchwerk ragen hohe Palmen aller Art hervor, an den leergebliebenen Flächen hat man eine hellblaue Lilienart angebracht, die eine harmonische Wirkung erzielt. Nur wenige Schritte, und eine hochstrahlende Fontaine zeigt uns den Barbarossaplatz. Das Bassin der Fontaine ist mit Efeu eingefaßt, eine Blumendekoration schaut man dieses Jahr da nicht. Ein Versuch dazu scheint gemacht worden zu sein, das Angepflanzte sieht aber sehr kläglich aus. – Schreitet man weiter auf dem Salierring, der zwar keine Anlage aufweist, so wird man doch entschädigt durch die herrliche Dekoration der Balkone und Vorgärten, die stellenweise wirklich großartig genannt werden kann. – Hat man den Salierring hinter sich, so betritt man den Sachsenring, wohl die schönste und größte Anlage der Neustadt. Gleich beim Betreten des Sachsenringes hört der aufmerksame Beobachter das Murmeln einer Quelle, die er bald aus einem künstlichen Felsen hervorspringend entdeckt. Dieser Quell speist einen kleinen mit Goldfischen belebten Teich, in dessen Mitte eine kleine Fontaine – ein wasserspeiender Kranich – für etwas Abwechslung sorgt. Die Pestpflanze mit ihren großen, auf langen Stielen sitzenden Blättern säumt die Ufer des Teiches ein. Die anliegenden Rasenflächen sind mit hohen Weidenbäumen, Birken, stellenweise auch mit Rhododendron besetzt. Der herrlichen Lindenallee, die seinerzeit aus dem alten Festungsterrain für die Neustadt gerettet wurde, zuschreitend, gelangt man bald an einen Rest der alten Umwallung – ähnlich der am Hansaring –, nur hat dieser Rest für die kölnische Geschichte eine sehr große Bedeutung. Ein Weg längs der alten Stadtmauer führt zu einem offenen Pfeilerbogen der Mauer. Dieser Bogen, die Ulrepforte, ist wieder freigelegt worden zur Erinnerung an die Zeit früherer Jahrhunderte, als Feinde der freien Stadt Köln einen Bewohner des neben dem Bogen liegenden Halbturms gewonnen hatten, diesen jetzt sich offen zeigenden Bogen freizulegen, um durch diesen von außen zur Nachtzeit in die Stadt einzudringen. Der nächtliche Überfall gelang zwar, aber die Feinde wurden nach schweren Kämpfen wieder zurückgedrängt. Viele edle Herren blieben auf dem Schlachtfeld. Ein neben dem Durchbruch an der Mauer angebrachtes, in der Neuzeit wieder aufgefrischtes Steinbild, das Ulredenkmal, zeigt uns die Kämpfe der betreffenden Nacht. Das Bild mußte mit einem Drahtnetz überzogen werden, um es vor Verstümmelung zu schützen. Den schattigen Weg weiterschreitend, den Blick etwas nach rechts wendend, zeigt sich abermals eine herrliche Anlage vor der noch im Rohbau begriffenen Pauluskirche. Hier hat die Gärtnerkunst auch etwas Schönes geschaffen. Rondells mit Rosen, Begonien, Fuchsien, Geranien wechseln mit pyramidenförmig geschnittenen Taxussträuchern ab, zwei große Lebensbäume ragen über das Ganze hoch hinaus. Der Blumen- und Gartenfreund ist überwältigt von all dem Schönen, das mit dieser Anlage geboten wird. Doch weiter in der Wanderung. Es ist noch viel Herrliches zu schauen! Den Sachsenring wieder betretend, an schönen Baumpartien, Kinderspielplätzen und saftigem Wiesenplan vorüber nach dem Karolingerring und auf von kräftigen Platanen beschattetem Wege zum Chlodwigplatz. Vorher sei aber noch der an beiden Seiten der Anlagen des Sachsenringes erbauten Villen mit deren Vorgärten gedacht, die sich gegenseitig, was Blumenfülle und Blattpflanzenschmuck anbelangt, überbieten. Der Chlodwigplatz, im Hintergrunde das altehrwürdige Severinstor, bietet in seinem Blumenflor etwas dort nie Gesehenes. Rund um die Anlage führen reichbesetzte Rabatten. Die Namen aller dort zur Verwendung gekommenen Blumen zu nennen, würde zuviel Raum einnehmen. Die nach dem Tor zu angebrachte Rosette zeigt auf ihrer Mitte eine schön entwickelte Anpflanzung von Geranien, ebenso die dem Ring zu angelegte. Die Mittelrosette, die höher liegt, ist mit kräftigen Blattpflanzen besetzt. Eine mit noch recht kräftigem Blätterschmuck versehene Ulmen-Allee führt den Ubierring entlang, der sich dem Rhein zuwendet und den Schluß der Wanderung bildet. Bis zu einem Drittel ist kein Platz für Anlagen, aber je mehr sie sich dem Rhein nähern, desto breiter sind sie angelegt. Wer noch den alten Platz gekannt hat, auf dem der Ubierring angelegt wurde, sieht mit Staunen die üppige Vegetation, die sich dort, wo sonst nur Baumaterial lagerte, entwickelt. Die letzten zwei Drittel des Ubierringes sind zu einer Schmuckanlage ersten Ranges geworden. Breite Rasenflächen, besetzt mit allerhand Gehölzgruppen, nach der Ulmen-Allee zu mit Efeu- und Immergrün eingefaßt, und je mehr man sich dem Rhein nähert zu beiden Seiten der rechts- und linksseitigen Anlagen herrlicher Rosenflor, wie man ihn sich im Juni nicht schöner denken kann. Also, wollt Ihr wandern, versucht es einmal, bereuen wird es keiner. Dem städtischen Gartenbaudirektor und dessen Mitarbeitern werdet Ihr ein uneingeschränktes Lob für ihre Bemühungen um die Verschönerung der Stadt aussprechen müssen.«

Welch entscheidenden Anteil an der Gesamterscheinung der Kölner Ringe die schöne Gestaltung der Laternen, Kandelaber, Raseneinfassungen, Feuermelder, Verkaufsbuden oder Bedürfnisanstalten hatte, deren Form sorgfältig ausgewählt und der Umgebung angepaßt wurde, das machen die alten Bilder ebenso deutlich, wie sie uns heute die Wirkung einer schlichten klassischen Pflasterung schmerzlich bewußtmachen.

Natürlich dienten die Ringe auch als wichtige Verkehrsstraßen. Seit 1888 fuhr hier eine Pferdebahn (»Pädsbahn«); 1901 wurde sie auf elektrischen Betrieb umgestellt, was man gestalterisch durchaus adäquat löste (Tafel 67–70). Wie gesagt, hatten die Ringe zunächst den Charakter ruhiger Wohnstraßen. Nur in manchen Eckhäusern waren vornehme Geschäfte oder Büros anzutreffen (Tafel 31, 33, 57, 66, 72, 86, 88). Nach dem ersten Weltkrieg änderte sich dies schlagartig. Innerhalb weniger Jahre wurden die meisten Erdgeschoßwohnungen vor allem am Hohenzollernring (Abb. 5) und am Hohenstaufenring in Geschäfte umgewandelt und die Etagen darüber als Büros oder Praxisräume u. a. an Rechtsanwälte und Ärzte vermietet, nachdem die vornehmen Kölner in die Marienburg oder andere Villenviertel gezogen waren. Der Kaiser-Wilhelm-Ring entwickelte sich zum bevorzugten Standort von Versicherungen, die zwar zunächst gerne und aus Imagegründen in die alten repräsentativen Häuser einzogen, sie dann aber schrittweise durch Neubauten ersetzten, wie z. B. durch das Allianz-Gebäude (Abb. 19 u. 20) anstelle der schönen Villa Pfeifer (Abb. 32). Am Hansaring entstand auf einem noch unbebauten großen Grundstück in den Jahren 1924/25 das damals größte Hochhaus Europas, das als neue städtebauliche Dominante dem Ring hier einen ungewohnten Akzent verlieh (Abb. 6). Dieser Strukturwandel im zentralen Bereich der Ringe brachte automatisch mehr Verkehr mit sich, der zunehmend durch Automo-

5   Hohenzollernring. Foto vor 1925

6   Hansa-Hochhaus (1924/25 von Jakob Koerfer)

bile anstelle von Pferdekutschen verstärkt wurde. In den Jahren 1926/27 fielen an Hohenzollern-, Habsburger- und Hohenstaufenring die Alleebäume, und an Rudolfplatz, Barbarossaplatz und Chlodwigplatz entfernte man die Grünanlagen, um so der neuen Zeit, die dem schnellen Verkehr zu huldigen begann, die ersten Opfer auf den Altar zu legen. Ein Blick auf ein Bild des Hohenzollernrings um 1930 (Abb. 7) zeigt den Verlust an städtebaulicher Qualität bei einer »Verkehrsdichte«, die uns heute Tränen der Rührung in die Augen treibt und das Entfernen der Bäume keineswegs erklärt. Dahinter stand vielmehr auch der Wunsch nach einem großzügigen, klaren, funktionalen Straßenraum, wie er damals einer großstädtischen Einkaufsstraße angemessen schien und auch in der Veränderung der Architektur seinen Niederschlag fand. Die Faszination des Großstadtverkehrs erkennen wir auch in einem Detail am Habsburgerring. Dort wurde 1930 ein Neubau der Operngaststätten (Abb. 8) ausdrücklich an die Ecke zur Aachener Straße gesetzt und mit großen Panoramascheiben versehen, damit die Gäste den vollen Genuß des vorbeirauschenden Verkehrs und am Abend die aufflackernden Lichter der Großstadt (Abb. 9) auch in Köln erleben konnten. Die im dritten Reich weiterentwickelten Verkehrskonzepte wandten sich vor allem Straßendurchbrüchen in der Altstadt zu, von denen die Ost-West-Achse mit

7 Hohenzollernring. Foto um 1930

8 Habsburgerring, Opernhaus von Nordosten. Foto um 1935

17

9   Hohenzollernring. Foto um 1935

13   Hansaplatz, Kunstgewerbemuseum. Foto 1946

10   Kaiser-Wilhelm-Ring 30, 32, 34. Foto November 1946

11   Habsburgerring, Opernhaus im Jahre 1946

12   Hohenstaufenring, Hohenstaufenbad. Foto 1953

ihren Kahlschlägen auch den Rudolfplatz betraf. Die konsequent anschließenden Bomben des zweiten Weltkrieges konzentrierten sich in der Hauptsache auf die Zerstörung der Kölner Altstadt mit ihrem Reichtum vor allem an mittelalterlichen Baudenkmälern, da es strategisches Ziel aller kriegführenden Seiten war, den Gegner durch Zerstörung seiner kulturellen Identität in die Knie zu zwingen (man vergleiche die deutschen Bombardements auf die Londoner City, auf Coventry oder Canterbury). Aus diesem Grunde wurde die Neustadt, der man damals keinen kulturhistorischen Wert beimaß, nicht so stark getroffen. Dies besorgte der Wiederaufbau, der hier die Beschädigungen zum willkommenen Anlaß nahm, sich in großem Umfang von Bauten zu trennen, deren historischen Stil man als Irrweg der Architektur pauschal verachtete und deren gezielte Entfernung bereits in den Vorkriegsjahren betrieben worden war. Dies betraf nun nicht nur Wohnhäuser (Abb. 10), sondern vor allem die repräsentativen öffentlichen Bauten wie z. B. das nur relativ leicht beschädigte Opernhaus (Abb. 11) und das Hohenstaufenbad (Abb. 12) oder das schwerer getroffene Kunstgewerbemuseum (Abb. 13). Der Wiederaufbau der Stadt konzentrierte sich auf die fast völlig zerstörte Altstadt, an deren neue Straßen man verständlicherweise auch die öffentlichen Bauten (u. a. Opernhaus, Agrippabad) stellte. Die Ringe überließ man dem fortschreitenden Strukturwandel zur Geschäfts- und Bürostraße. Dabei wurden die städtebaulichen Vorgaben insoweit verändert, als man die in den zwanziger Jahren mit dem Bau des Hansa-Hochhauses begonnene Entwicklung weiterführte und an den Knickpunkten der Ringe nun Hochhäuser als städtebauliche Dominanten bevorzugte, wie z. B. am Hohenzollernring an der Ecke zur Flandrischen Straße das VW-Haus mit dem weit auskragend froh geschwungenen Betondach (Abb. 15) oder am Barbarossaplatz die Stadtsparkasse (Abb. 16).

Hatten die Veränderungen in der Nutzung der Ringe zunächst vor allem den zentralen Bereich vom Hohenstaufenring bis zum Kaiser-Wilhelm-Ring betroffen, so dehnte die Nachkriegsentwicklung den Strukturwandel auch auf die weiteren Ringe aus: An Hansaring und Theodor-Heuss-Ring (ehem. Deutscher Ring) entstanden ebenso Bürobauten (Abb. 17) wie am Salier- oder Sachsenring. Nur Karolinger- und Ubierring bewahrten weitgehend die Wohnfunktion. Die Verkehrsbelastung der

14b

14c

14d

14e

14a–g Bauplastiken vom Kaiser-Wilhelm-Ring 30. 14a: am ursprünglichen Ort (Foto 1946); 14b–g: in den fünfziger Jahren eingebaut in der Gaststätte »Em Altertümche«, Ritterstraße 50

14f

14g

15   Hohenzollernring 25 (um 1955 von Hans Schilling)

16   Barbarossaplatz, Stadtsparkasse (1955–1957 von E. Nolte)

Ringe stieg mit der Zunahme der Autos, denen auch hier weitgehend die Wege geebnet wurden: Asphalt überzog die schönen Pflastersteine, um höhere Geschwindigkeiten bei geringerem Lärm zu garantieren. Die einst reich gestalteten Grünflächen schrumpften weiter und wurden in neuen Formen möglichst pflegeleicht gehalten (Abb. 21).

17   Theodor-Heuss-Ring 11, Kölnische Rückversicherungsgesellschaft (um 1952 von Hermann von Berg und Hanns Koerfer)

Am Beginn der siebziger Jahre setzte auch in Köln die Neubesinnung auf die architektonischen und städtebaulichen Werte des späteren 19. Jahrhunderts ein, und es gelang der städtischen Denkmalpflege, die Abbrüche dieser Bauten an den Ringen weitgehend zu stoppen und so die letzten Beispiele großbürgerlicher Wohnkultur an Kölns einstigem Prachtboulevard zu retten (Tafel 19–30). Inzwischen muß sich das Bemühen der Denkmalpflege auch auf die qualitätvollen Bauten der ersten Wiederaufbauzeit in den fünfziger Jahren konzentrieren – vieles ist in den letzten Jahren auch hier zum Nachteil verändert worden, wie z. B. die Sparkassenbauten an Barbarossaplatz und Habsburgerring.

1980 veranstaltete die Stadt Köln einen städtebaulichen Ideenwettbewerb zur Neugestaltung der westlichen Ringstraße in Köln – genau hundert Jahre nach dem Wettbewerb zur ursprünglichen Ausführung von Neustadt und Ringstraße –, und Josef Stübben gewann den Wettbewerb ein zweites Mal! Den ersten Preis erhielt 1980 die Bonner Architektengemeinschaft van Dorp/Schmidt/Hansjakob und Epping, die in ihrem Plan (Hintersatzpapier) auf die klassische Boulevardgestaltung der Kölner Ringe zurückgriff und damit die zeitlose Form qualitätvoller städtebaulicher Ansätze bewies. Dieser Plan wird mit einigen Abweichungen (bedauerlicherweise insbesondere am Rudolfplatz) ausgeführt. Im September 1988 feiert Köln die Fertigstellung der Ringe vom Zülpicher Platz bis zum Kaiser-Wilhelm-Ring, bei deren Neuordnung versucht wird, allen großstädtischen Notwendigkeiten Rechnung zu tragen. Dazu gehört neuerdings neben Verkehrsplanung und Grundstücksvermarktung ansatzweise auch wieder das Bedürfnis nach ästhetisch befriedigenden Straßen- und Platzbildern.

Ein Jahrhundert Architektur

Das Bild der Wohnstraßen in Köln war bis weit über die Mitte des 19. Jahrhunderts fast ausschließlich vom rheinischen Dreifensterhaus bestimmt – einem schmalen dreiachsigen, durchschnittlich drei- bis dreieinhalbgeschossigen Reihenhaus mit klassizistischer Stuckstruktur (Abb. 23). Dieser Typ war in Köln das Einfamilienhaus des mittleren Bürgertums. Es war meist nur fünf bis sechs Meter breit, da die Besteuerung sich nach der Fassadenbreite errechnete. Nur wenige Reichere konnten daher auf breiteren Grundstücken den prinzipiell gleichen Haustyp mit mehr als drei Fensterachsen ausführen und sich vereinzelt giebelbekrönte Mittel- oder Seitenrisalite als Bereicherung der Fassadengliederung leisten. Als Einfamilienhaus war (und ist) dieses städtische Reihenhaus ideal; die ärmere Bevölkerung aber mußte darin mit mehreren Familien wohnen, was wegen der Überbelegung und des Fehlens abgeschlossener Wohneinheiten zu außerordentlich ungünstigen und unhygienischen Wohnverhältnissen führte.

Balkone oder Erker waren in der Kölner Altstadt wegen der schmalen Straßenbreiten nicht gestattet bzw. nur mit einer besonderen Balkonsteuer möglich, die nur reichere Bürger zahlen konnten. Man sah also bereits von außen, wer in dem Hause wohnte. In der Neustadt und vor allem auf den Ringen entfiel die Balkonsteuer, weil man hier einen besonderen Anreiz zum Bauen geben wollte und außerdem bei den neuen breiten Straßen die Beschränkung nicht mehr sinnvoll war.

Seit der Mitte des 19. Jahrhunderts kamen neben den noch weiterhin vorwiegend klassizistisch gebauten auch Wohnhäuser neuer Stilrichtungen wie vereinzelte Farbtupfer in die Palette des Kölner Wohnhausbaus. Die nachfolgend verwendeten Bezeichnungen Neugotik, Neurenaissance, Neubarock und ähnliche sind Hilfstermini – wie alle Stilbegriffe. Sie stammen erst aus späterer Zeit, als man dem dann so genannten Eklektizismus oder Stilpluralismus des 19. Jahrhunderts ablehnend gegenüberstand und die von den Zeitgenossen ganz selbstverständlich empfundene Eigenständigkeit dieser Architektur nicht mehr sah. Die hier vorgenommene Einteilung in verschiedene Stilarten dient also nur der Strukturierung des Materials und ist keineswegs absolut zu setzen; denn die Gemeinsamkeit der Bauten des 19. Jahrhunderts z. B. im Stile der Gotik oder der Renaissance ist – und dies wieder zu erkennen bemühen wir uns heute – immer größer als die mit den vermeintlichen Vorbildern früherer Jahrhunderte. Grundlage für die Entwicklung (in mancher Hinsicht besser: Nichtentwicklung) der Architektur in der zweiten Hälfte des 19. Jahrhunderts blieb vor allem der Klassizismus mit seiner Symmetrie, Axialität und dem Streben nach Exaktheit.

Die seit Jahrzehnten geführte Diskussion um den Weiterbau des Domes, die Neugründung der Dombauhütte und die

18 Kaiser-Wilhelm-Ring, Demontage des Denkmals Kaiser Wilhelms I. (1943); Kopf der Colonia, Kopf Kaiser Wilhelms I. Fotos 1943

19 Kaiser-Wilhelm-Ring 31–41; Denkmal 1943 demontiert. Foto um 1946

20 Kaiser-Wilhelm-Ring 31–41, Allianzgebäude (1930/31 von Wach und Roskotten). An der Stelle des Denkmalssockels steht jetzt ein Springbrunnen. Foto 1947

Grundsteinlegung 1842 zur Vollendung dieser größten gotischen Kathedrale schlugen sich auch im Kölner Profanbau nieder, so daß wir seit der Jahrhundertmitte Wohnhäuser im *gotischen Stil* beobachten können, deren gemeinsames Merkmal der klare klassizistische Baukörper ist, malerisch gegliedert

21

21   Kaiser-Wilhelm-Ring, Neugestaltung von 1955. Foto 1983

22   Blick vom Habsburger- zum Hohenzollernring. Foto 1975

23   Altstadt, Benesisstraße 31, Dreifensterhaus, um 1860

durch die gotischen Fensterformen, Erker, Balkonbrüstungen, Giebel, Zinnen, Eckwarten oder polygonale Türmchen.

Die Verwendung dieses Stils im Profanbau wurde allerdings keine allgemeine Mode, sondern blieb der individuelle Wunsch von Bauherren oder Baumeistern, die in Verbindung mit der Dombauhütte oder ähnlichen Renovierungsvorhaben standen, wie z. B. August Lange, der 1884/85 das Haus Roeckerath am Hohenzollernring 37 erbaute (Tafel 66). Auch Heinrich Wiethase, als Neugotiker Mitarbeiter von Friedrich von Schmidt und Vincenz Statz, errichtete 1885/87 am Kaiser-Wilhelm-Ring 3–5 für sich selbst ein Doppelhaus im gotischen Stil (Tafel 43 u. 44). Etwa 1886/87 entstand als Eckhaus zum Friesenplatz in der Brabanter Straße 59 für die Glasmalerei Schneiders und Schmolz ein Haus in diesem der Glasmalerkunst sicher adäquaten Stil (Tafel 60). Der sehr feingliedrige und elegante Bau

kann wohl ebenfalls für Wiethase in Anspruch genommen werden. Um 1885 scheint die Verwendung gotischer Formen im Profanbau in Köln nachzulassen, erst um 1897–1904 ist eine verstärkte Wiederaufnahme (spät-)gotischer Stilelemente zu beobachten.

In den sechziger Jahren des 19. Jahrhunderts tauchen in Köln die ersten Wohnhäuser im Stil der *italienischen Renaissance* auf. Der Rückgriff auf diesen Stil ist eng verbunden mit dem Namen des Architekten Hermann Otto Pflaume, der an der Berliner Bauakademie studiert hatte, Schinkelpreisträger war und seit 1856 in Köln als Baumeister der Eisenbahnverwaltung arbeitete. So wie der gotische Stil bevorzugt von einem bestimmten Personenkreis verwendet wurde, blieben auch die Bauten im Stil der Renaissance zunächst auf eine Schicht beschränkt: Es war der Geldadel, die Bankiers, Fabrikanten,

22

24   Hohenstaufenring 57, Oelbermannhaus (1889/90 von Hermann Pflaume). Foto 1890

Unternehmer, die Ansehen und Macht ihrer Funktion mit diesem Stil am besten auszudrücken dachten.

An den Ringen baute Pflaume für August Osterrieth am Habsburgerring 7, für Emil Oelbermann am Hohenstaufenring 57 (Abb. 24), für Schnitzler am Kaiser-Wilhelm-Ring 21 sowie sein eigenes Haus am Kaiser-Wilhelm-Ring 14–18; gemeinsame Merkmale dieser Bauten sind der rustizierte (Erdgeschoß-)Sockel, die zumeist übergiebelten Fenster der Beletage, der fast unvermeidliche Balkon oder Erker und der Figuren- oder Rankenfries unter dem abschließenden Kranzgesims.

In direkter Nachfolge von Hermann Pflaumes italienischer Renaissance steht eine Reihe eng verwandter Bauten der achtziger Jahre an Hohenstaufen-, Hohenzollern-, Kaiser-Wilhelm- und Hansaring, wie das Haus Emil vom Rath am Kaiser-Wil-

helm-Ring 15 von Eduard Linse, die Häuser Hohenstaufenring 39, Hohenzollernring 81 von Weber und Asbach, Hansaring 43 von Stock (Abb. 25) oder das Haus Kreuser am Hohenzollernring 56 (Tafel 61 re.), 1883/84 von Georg Eberlein erbaut und bis auf wenige Details einer Hälfte des fast zwanzig Jahre zuvor entstandenen Hauses Deichmann von Pflaume in der Trankgasse (nicht erhalten) gleichend. Das hochherrschaftliche »Einfamilienhaus« mit der aus Sandstein von der Nahe sorgfältig gearbeiteten Fassade, den Fenstersäulen im ersten Obergeschoß aus Syenit vom Fichtelgebirge und dem Puttenfries (von W. Albermann?) besaß auch im Inneren eine adäquate Ausstattung mit einer großzügigen Marmortreppe und Gesellschaftsräumen, deren Wand- und Deckengestaltung mit Stuckmarmor, Intarsienarbeiten und Malereien (von C. Vogel) außerordentlich reich war. Das prunkvollste dieser Häuser mag wohl

25   Hansaring 43 (1888 von Stock)

26   Kaiser-Wilhelm-Ring 32, Haus Meuser (1883–1885 von de Voss & Müller,
      Bildhauerarbeit von Wilhelm Albermann). Foto 1887

das Meusersche Haus am Kaiser-Wilhelm-Ring 32 (Tafel 41 u. Abb. 26) gewesen sein, 1883–1885 von de Voss & Müller erbaut und in einer zeitgenössischen Beschreibung so geschildert: »Der Eingang liegt in der Mitte des Hauses, rechts ist das Empfangszimmer, dahinter das Zimmer des Herrn, links das Wohnzimmer mit dem Speisezimmer; unter der Treppe befindet sich der Zugang zu dem Untergeschoß, in welchem die Wirtschaftsräume untergebracht sind. Im ersten Stockwerk liegen die Gesellschaftszimmer, im zweiten die Schlafzimmer. Das Treppenhaus ist von mächtiger Wirkung. Die Abortanlage und die Toilette sind vom Podeste aus zugängig. Im Äußeren ist roter Mainsandstein verwendet, welcher der ernsten und würdigen Ausbildung hohe Stattlichkeit verleiht. Das Fenstermotiv ist zwar dem Palaste Vendramin Calergi in Venedig nachgebildet, aber die Gesamtansicht ist durchaus selbständig entworfen. Der bildnerische Schmuck ist von dem Bildhauer W. Albermann in feinfühlender Weise hergestellt. Die innere Dekorationsmalerei ist von Vogel hierselbst ausgeführt.« Der plastische Fassadenschmuck drückt das Selbstwertgefühl des gründerzeitlichen Besitzbürgertums beispielhaft aus. Auf Balkon oder Erker wird verzichtet, sie sind seit der Abschaffung der Ausnahmegenehmigungen und der Balkonsteuer für Bauten in der Kölner Neustadt dort nicht länger Zeichen für Privilegien oder besondere Finanzkraft. Außer der mehrfachen Verwendung der als Herrschaftsmotiv gemeinten Doppelsäulen sind in den Figurennischen des ersten Obergeschosses Merkur und Pallas Athene als Symbole des Handels und der Klugheit dargestellt; Wilhelm Meuser war ein erfolgreicher Mann – in den Nischen darüber befindet sich daher das Monogramm des Hausherrn (W M) in reich gerahmten Medaillons. Der außerordentlich reiche Fries unter dem Kranzgesims enthält in gewölbten Nischen Paare einander zugewandter Büsten in Medaillons; selbstbewußt ließ der Hausherr sich mit seiner Ehefrau zwischen Richard Wagner und Franz Liszt (links) sowie Goethe und Schiller (rechts) abbilden. Es ist für uns schwer nachzuempfinden, daß die Zeitgenossen dies als »feinfühlend« bezeichnen konnten, wie oben zitiert – denn Geld, Macht und Herrschaftsanspruch pflegen sich inzwischen nicht mehr offen an den (deswegen nicht mehr vorhandenen) Prachtboulevards in schönen Fassaden zu zeigen, sondern verbergen sich zumeist hinter dichten Baumreihen in äußerlich möglichst schlichten Häusern neu angelegter Villenvororte (in Köln z. B. Hahnwald oder Neu-Müngersdorf).

Von allen genannten hochherrschaftlichen Wohnhäusern im Stil der italienischen Renaissance, die einst dieser Stadt neben den monumentalen Bauten der Banken und öffentlichen Einrichtungen großstädtisches Flair verliehen, sind an den Ringen nur noch die Häuser Hansaring 43 (Abb. 25) und Hohenzollernring 54 (Tafel 61, alte Hausnummer 56) erhalten. Praktisch nichts mehr existiert von den einst so schönen und qualitätvollen Inneneinrichtungen. Das Haus Kreuser am Hohenzollernring 54 wurde schon in der Zwischenkriegszeit zu einem Büro- und Geschäftshaus umgebaut (übrigens unter Wahrung der originalen äußeren Erdgeschoßform). Nur weniges wie z. B. das erhaltene Deckengemälde eines vergleichsweise schlichten Hauses am Hansaring 3 gibt heute in Köln noch den Hauch einer Vorstellung von der einst prächtigen Innenausstattung dieser großbürgerlichen Häuser (Tafel 22–25).

Seit der Anlage der Neustadt drängte zunächst alles, was Rang und Namen hatte, in diesen Stadtteil, und vor allem an die Ringe. Nicht jeder aber konnte es sich leisten, eines der teuren und breiten Grundstücke (geringste Frontbreite acht, am Kaiser-Wilhelm-Ring sogar zehn Meter; in der Altstadt dagegen durchschnittliche Parzellenbreite von fünf bis sechs Metern) für ein Einfamilienhaus zu nutzen, so daß hier mehr und mehr der Bau von Mietshäusern mit abgeschlossenen Wohneinheiten üblich wurde, obwohl gerade die Rheinländer diesem Wohntyp reserviert gegenüberstanden: »...so sind die Nachteile des Zusammenwohnens vieler Menschen auf verhältnismäßig beschränktem Raume und bei meist mangelhafter Lüftung der Flure doch nicht zu unterschätzen. Den Bewohnern wird selten die Benutzung des Gartens, falls überhaupt ein solcher vorhanden ist, gestattet; Zwistigkeiten unter den vielen Einwohnern sind unausbleiblich und häufiger Wechsel der Wohnung die Folge. Das Gefühl der Behaglichkeit kann nicht wie im eigenen Hause aufkommen. Diese und ähnliche Erwägungen und namentlich die Gewohnheit von alters her haben bei den Kölner Bürgern eine gewisse Abneigung gegen das Wohnen in großen Mietsgebäuden erzeugt, während umgekehrt die aus Nordost- und Süddeutschland hierher verziehenden Familien, besonders die zahlreichen Beamten- und Offiziersfamilien, die Stockwerkshäuser bevorzugen.« Insgesamt wurden im überwiegenden Teil der Neustadt, die von 1881 bis etwa 1906–1910 bebaut wurde, Mietwohnhäuser unterschiedlichster Qualität für die verschiedenen Einkommensschichten errichtet. Die Kölner Altstadt verlor in dieser Zeit etwa die Hälfte ihrer Einwohner. Für die Mietshäuser bediente man sich zunächst mit besonderer Vorliebe des Stils der italienischen Renaissance, wie er sich in den besprochenen Häusern ausgeprägt hatte.

Das hochherrschaftliche Etzweilersche Mietshaus am Hohenzollernring 69 (Abb. 27), 1885/86 von de Voss & Müller erbaut, ist dafür ein gutes Beispiel. Da die Funktion der einzelnen Stockwerke nicht mehr so gegeben ist wie beim Einfamilienhaus, wo sich hinter der Fassadendekoration die Nutzung als Salon oder Dienstbotenzimmer erkennen ließ, wird diese Differenzierung hinfällig. Über dem rustizierten Erdgeschoß mit schönem Portal ist zwar das erste Obergeschoß auch äußerlich durch aufwendigere Fensterrahmung mit stichbogigen Giebeln und reichen Balustraden als besonders teure Mietwohnung ausgewiesen, aber auch das zweite Obergeschoß zeigt noch übergiebelte Fenster. Das beim Einfamilienhaus übliche Drempelgeschoß mit dem Fries ist zum Vollgeschoß gehöht, unter Beibehaltung aller Details, wie z. B. der eingestellten Pilaster in den Doppelfenstern, die rechteckig sind wie in diesem Fall oder halbrund wie an dem 1886/87 von Georg Eberlein entworfenen Haus des Bauunternehmers Kühn am Hohenstaufenring 29 (Abb. 28). Die durchgehend rustizierte Fassade von Hohenstaufenring 29, die lediglich im Erdgeschoß und an den Kanten bis zum zweiten Obergeschoß gröber behauene Quader aufweist, sondert das oberste (Voll-)Geschoß wie das ehemalige Drempelgeschoß, von dem es formal abzuleiten ist, aus. Dieses Haus ist eine interessante Mischung von Einfamilien- und Mietshaus.

27 Hohenzollernring 69 (1885/86 von de Voss & Müller). Foto 1887

28 Hohenstaufenring 27, 29 (Nr. 29 1886/87 von G. Eberlein). Foto 1890

Der Eigentümer bewohnte Erd- und erstes Obergeschoß, die durch eine eigene Prachttreppe zu einer herrschaftlichen Wohnung vereinigt sind, während das zweite und das dritte Geschoß, durch eine andere Treppe erschlossen, vermietet wurden.

Von Georg Eberlein stammt auch das schöne Mietshaus Hansaring 11 (Tafel 20 u. 33), dessen Fassade aus Tuffstein gearbeitet ist, während die Rustizierung mit dunklen Basaltlavastreifen angedeutet wird. Das erste Obergeschoß schmückt ein zierlicher Erker. Das oberste Geschoß, dessen Rundbogenreihe die formale Abhängigkeit vom Drempelgeschoß erkennen läßt, ist in zwei rundbogigen Nischenfeldern mit großfigurigen Sgraffitoarbeiten geschmückt. Konsequenterweise wurde dann im Mietshausbau dieses dritte Obergeschoß formal den anderen Geschossen angeglichen, wie es als ein Beispiel Hohenzollernring 95 mit rundbogigen Fenstern und Hohenzollernring 97 (Tafel 54) mit hochrechteckigen Fenstern zeigt, wo die Fassadengestaltung abgestuft ist vom stark rustizierten Erdgeschoß über die ersten beiden Obergeschosse mit gebänderter bzw. nur noch mit leichtem Fugenschnitt versehener Wandbehandlung sowie reich umrahmten Fenstern und durchgehendem Mittelerker mit Balkon zum dritten Obergeschoß, das eine glatte Wandfläche aus fugenlos versetzten Quadern und nur noch einfach gerahmte Fenster hat. Auch von den genannten herrschaftlichen Mietshäusern der Kölner Ringstraße mit ausnahmslos in Werkstein gearbeiteten Fassaden ist kaum mehr etwas erhalten.

Bauten im *Stil der französischen Renaissance* werden in Deutschland meist als architektonische Frucht des siegreich ausgefochtenen Krieges von 1870/71 angesehen, wobei unterstellt wird, daß diese französischen Formen dem Prunkbedürfnis des Siegers gewissermaßen als Trophäen sehr gelegen kamen. In Köln scheint es nicht des Anstoßes durch diesen Sieg bedurft zu haben, um französische Renaissanceformen zu verwenden. Die Kölner waren traditionsgemäß dem westlichen Nachbarn zugetan und wurden es als Reaktion auf die preußische Inbesitznahme der Rheinlande um so mehr. An den Ringen übernehmen vor allem hochherrschaftliche Häuser diesen Stil, der sich durch Risalitbildung, Mansard- und kuppelige Walmdächer mit krönenden Gesimsen und weitgespannten (Triumph-)Bogen auszeichnet. Das Haus Leyendecker am Kaiser-Wilhelm-Ring 34, erbaut von de Voss & Müller, ist ein charakteristisches Beispiel dafür (Tafel 41). Über einem rustizierten Erdgeschoß mit Rundfenstern, wie wir es von den Bauten im Stil der italienischen Renaissance kennen, erhebt sich ein mächtiger Mittelrisalit mit großem Triumphbogen und steilem kuppeligem Walmdach mit hohem krönendem Gesims. In den Bogen eingestellt finden wir die (stelenartigen) Karyatiden über einem dreiteiligen übergiebelten Fenster, das auf einen halbrund vorgebauchten Balkon führt. Die seitlichen Fensterachsen enden in Dachgauben (vor dem Mansarddach) mit hohen geschwungenen Dächern. Vor dem kuppelig hochgezogenen Walmdach des Mittelrisalits wird die übergiebelte Fenstergaube durch seitliche volutenartige Kreise und kleine begrenzende Obelisken optisch verbreitert und dadurch mit

den darunterliegenden Geschossen des Mittelrisalits zu einer Einheit zusammengefaßt.

Ebenfalls von de Voss & Müller entworfen wurde die Fassade des Hauses des Stadtbaumeisters der Neustadt, Josef Stübben, der bereits 1882 am Hohenzollernring 56 sein Wohnhaus erbaute (Tafel 61) und dafür die geringste zulässige Parzellenbreite von acht Metern erwarb, die er sich als Beamter für ein Einfamilienhaus hier wohl gerade leisten konnte. Zwischen all den breiten palaisartigen Wohnhäusern an dieser Millionärsmeile der Ringstraße wirkte das Haus allerdings so schmalbrüstig, daß es den Spitznamen »Zum gequetschten Baumeister« erhielt, weswegen Stübben in das Erdgeschoßfenster den selbstgedichteten Spruch einbrennen ließ: »Lieber klein und wie mir's paßt, als zur Miete im Palast.« Doch trotz des schmalen Grundstücks wurde nicht auf die Ausführung eines Planes mit den wesentlichen Stilmerkmalen der französischen Renaissance verzichtet. Über dem rustizierten Erdgeschoß mit prächtigem, säulenflankiertem Portal ist fast über die gesamte Breite der beiden oberen Geschosse ein Mittelrisalit gezogen. Die Fenster sind zu den typischen Dreiergruppen zusammengefaßt, das Mittelfenster im ersten Obergeschoß ist noch durch besonders prächtige Rahmung und halbrunden Balkon hervorgehoben. Das als Abschluß des Mittelrisalits charakteristische Walmdach ist wegen der Schmalheit des Hauses nicht konvex, sondern konkav geschwungen und nimmt dessen gesamte Breite ein. Dasselbe Dachmotiv kehrt auch als Bekrönung der Gaube wieder. Sogar der große dreigeteilte Bogen ist im Erdgeschoßfenster angedeutet.

Das links daneben stehende Haus Hohenzollernring 58, gleichfalls von de Voss & Müller entworfen, wurde als erstes Haus der Neustadt mit der Grundsteinlegung am 22. April 1882 begonnen. Es stellt den Typ des herrschaftlichen Mietshauses (Besitzer: Steuerinspektor Willmeroth) im Stil der italienischen Renaissance mit gelängten, rundbogigen Fenstern im letzten Geschoß dar. Als Bereicherung wurde dem ersten und zweiten Obergeschoß ein über zwei Fensterachsen reichender erkerartiger Mittelrisalit mit Dreierfenstern, Giebeln, Säulen, Pilastern, stelenartigen Karyatiden und einem (reduzierten) konvex geschwungenen Walmdach vorgeblendet.

Das Motiv des konkav geschwungenen Walmdachs über dem Mittelrisalit, wie es am Hause Stübben offensichtlich als Lösung für die schmale Frontbreite auftauchte, blieb weiterhin auch für breitere Häuser beliebt; so beim Hause Salierring 29, 1887/88 von Heinrich Krings erbaut (Abb. 29). Der Mittelrisalit ist hier vom Erdgeschoß aus hochgeführt, da der breite Salierring mit seinen Vorgärten keinerlei Einschränkungen für die Erdgeschoßzone verlangte. Der an den Ecken abgeschrägte Risalit, in der Mittelachse doppelfenstrig (mit stelenartiger Karyatide im ersten Obergeschoß), mündet im zweiten Obergeschoß in einen Balkon, der über den abgeschrägten Seiten halbrunde kleinere Austritte besitzt. Das dreiteilige Mittelfenster hinter dem Balkon ist loggienartig zurückgesetzt. Eine rundbogige Dreierfenstergruppe im dritten Obergeschoß leitet über zum hochgezogenen schlanken, konkav geschwungenen Walmdach mit elegantem hohem Gesims. Die Seitenachsen der Fassade münden in kleine zurückhaltende Dachgauben. Anstelle des

29 Salierring 27–31 (Nr. 27 1887/88 von J. Seché; Nr. 29 1887/88 von Heinrich Krings). Foto 1891

Mansarddaches findet sich ein hohes Satteldach, das die Vertikale noch unterstreicht.

Köln war immer eine Bürgerstadt, nie Residenz. Aus diesem Grunde war die Zahl derjenigen, die sich ein großes Palais leisten konnten, wollten oder aus Repräsentationsgründen leisten mußten, beschränkt. Trotzdem verzichtete man auf diese großartige Bauform nicht ganz, sondern sie wurde an den Ringen, wo der Raum für solche breitgelagerten Bauten reichlich zur Verfügung stand, für herrschaftliche Mietshäuser verwendet. Es war vor allem der Architekt Carl August Philipp, der sich auf ihren Bau spezialisierte; in den frühen achtziger Jahren errichtete er die großen Komplexe Hohenzollernring 51–55 (Abb. S. 6 li. u. Tafel 65), Hohenzollernring 31–35 (Tafel 67–70), Flandrische Straße 12–20 (Tafel 71) und vermutlich auch Hohenstaufenring 48–54 (Tafel 81 u. 83–85). Wie die allermeisten der bisher besprochenen Bauten sind auch diese Baugruppen heute verschwunden. Nur von dem Hause Hohenzollernring 51–55 steht noch ein Rest des Mittelteils (Abb. S. 6 li.). Dieser, das Wohnhaus des Eigentümers Cron, war in der bekannten Weise hochherrschaftlicher Häuser mit großer prunkvoller Treppe und Repräsentationsräumen vor allem im ersten Obergeschoß ausgestattet, während die beiden seitlichen Häuser Mietwohnungen enthielten, die zwar vom gesamten Grundriß her dem bekannten Kölner Haus mit Anbau entsprachen, aber in der Aufteilung der Wohnung, vor allem mit dem langen Korridor, an dem die rückwärtigen Zimmer aufge-

reiht sind, den Typ des Berliner Wohnungsgrundrisses zeigen. Eine einheitliche Fassadengestaltung faßt alle drei Häuser zusammen. Über einem kräftig rustizierten Erdgeschoß erheben sich die beiden rautenförmig gemusterten Obergeschosse mit reich gerahmten, halbrund bzw. dreieckig übergiebelten Fenstern. Ein Kranzgesims schließt den eigentlichen Baukörper ab; das hohe, gesimsbekrönte Mansarddach hat große gaubenartige Fenster. Mittel- und Seitenachsen sind durch wenig vorspringende, aber sehr plastisch durchmodellierte Risalite gegliedert. Der beherrschende Mittelrisalit ist geprägt von dem in die Dachzone hinaufreichenden Triumphbogenmotiv auf Säulen-Pilaster-Paaren mit eingestellten stelenartigen Karyatiden und reichem plastischem Schmuck in den Bogenzwickeln. Darüber befindet sich die zu einem eigenen Baukörper gewordene »Gaube« in Form einer halbrund übergiebelten Nische mit bekrönender Vase und seitlichen Voluten, auf denen Figuren lagern; in der Nische auf einer Stele das Brustbild des Besitzers. Dahinter erhebt sich das steil hochgezogene Walmdach mit hohem Abschlußgesims. Die Seitenrisalite sind zurückhaltender ausgestaltet, gleichwohl mit Verwendung aller bekannten Motive. Die Dreiergruppe mit eingestellten Säulen im ersten Obergeschoß wird in der Mitte von einem kleineren Bogen überspannt, der in die Balustrade des zweiten Obergeschosses einschneidet. Dessen mittleres Fenster ist besonders reich gerahmt mit vortretenden stelenartigen Pfeilern, auf denen der halbrunde Giebel mit Wappenkartusche in der Mitte lagert. Das dritte Obergeschoß, ebenfalls in die Dachzone hochgezogen, enthält eine Dreiergruppe halbrunder Fenster. Die abschließende Balustrade vor den im Verhältnis zur Mitte nur wenig kleineren Walmdächern wird in der Mitte auf der linken Seite von einem Brustbild der Pallas Athene, auf der rechten Seite von der Darstellung einer Eule gekrönt, beide auf den im Mittelrisalit in beherrschender Stellung erscheinenden Hauseigentümer bezogen – ein weiteres markantes Beispiel für das ungeschminkt zur Schau gestellte Selbstbewußtsein der Gründergeneration. Die steilen Walmdächer der drei Risalite zeigen keine Schwingung der Kanten, sondern sind gerade hochgezogen, wodurch sie streng und blockhaft erscheinen.

Die Benutzung von Formen im *Stil der deutschen Renaissance* wird in Köln vielfach mit dem Namen von Julius Raschdorff verbunden, der als Stadtbaumeister in den fünfziger und sechziger Jahren an der Wiederherstellung des Gürzenichs und des Rathauses arbeitete, seit 1872 in Köln als Privatarchitekt tätig war und 1878 einem Ruf auf den Lehrstuhl für Renaissance an die Technische Hochschule Berlin folgte. In seiner Zeit als freier Architekt baute er in Köln u. a. Häuser mit jenen Formelementen, die man unter dem Begriff »deutsche Renaissance« zusammenfassen kann – mit derselben Vorsicht und Unverbindlichkeit, wie dies bei den bisher verwendeten Stilbegriffen geschah, und ohne den letztlich unfruchtbaren Versuch, nachzuweisen, aus welcher Ecke (wie z. B. Weserland, Niederlande, Danzig, Heidelberg etc.) diese Stilelemente aufgegriffen wurden. Entscheidend ist lediglich, was in der hier untersuchten Zeit als deutsche Renaissance angesehen wurde, wobei immer bewußt bleiben muß, daß der Architekt des 19. Jahrhunderts

30 Hohenzollernring. Von links: Nr. 50 (1883–1885 von Alfred Müller), Nr. 48 (1883/84). Foto 1886

31 Hohenstaufenring 68 (1885/86 nach Plan von Cremer & Wolffenstein von Thomer). Foto um 1888

32 Kaiser-Wilhelm-Ring 31, Villa Pfeifer mit Nebengebäuden an der Gladbacher Straße (1890/91); für den Neubau der Allianz 1931 abgebrochen. Foto um 1925

die jeweiligen Stilelemente in eine Konzeption einbrachte, die durchaus die seine blieb und daher damals auch ganz sinnvoll die Bezeichnung »im Stil der deutschen Renaissance« trug. Signifikant dafür ist ein Schmuckreichtum mit Beschlagwerk, Korbbogen-, Kreuzstock- oder Doppelfenstern, Figurennischen, Relieffeldern, Malereien, Querbänderung etc., die den Fassaden größere Flächigkeit verleiht – trotz der Vorliebe für Asymmetrie, Loggien, Balkone und meist polygonale Türmchen und Erker (daher besonders viele Eckhäuser und Villen in diesem Stil) und bei gleichzeitiger Betonung der Vertikalen durch große Giebel vor den Satteldächern und reiche steile Turmbekrönungen. Dazu kommt die fast ausschließliche Verwendung von Backstein als Fassadenverkleidung; bei den »besseren« Häusern in Verbindung mit Werkstein-, bei den einfacheren mit Stuckgliederungen, bei den allereinfachsten wenigstens als Ausführung in zweifarbigen Backsteinen.

Eines der schönsten Gebäude war das von Alfred Müller 1883–1885 erbaute Wohnhaus Hohenzollernring 50 (Abb. 30 li.); seine Backsteinfassade ist durch die Querbänderung, die beiden seitlichen Erker mit Volutengiebeln und den großen Mittelerker kräftig modelliert und durch die Schmuckvielfalt der Einzelteile reich gegliedert. Von demselben Architekten stammt das etwas später (1887/88) entstandene Haus Hansaring 9 (Tafel 33), dessen Querbänderung sich an den Fensterrahmungen mit Diamantquadern verkröpft; vergleichbar auch Hansaring 20 (Tafel 34), erbaut 1886/87 von Jacobs & Wehling. Die deutsche Renaissance eignete sich wegen der möglichen malerischen Gruppierungen der Bauteile gut für den Bau frei stehender Villen und wurde daher in den achtziger Jahren ganz besonders beim Ausbau des Sachsenrings verwendet (Tafel 92–101).

Das in den achtziger Jahren in Köln sich entwickelnde Wohnhaus, das, wie wir gesehen haben, unter dem Einfluß verschiedener Stile und Nutzarten ein durchschnittlich viergeschossiges Reihenhaus mit Erker(n), Risalit(en) oder Balkon(en) mit unterschiedlicher Dachausführung ist, bleibt in dieser Grundform bis in den Beginn des 20. Jahrhunderts unverändert (das »19. Jahrhundert« endet auch in Köln erst um 1914 mit dem Beginn des ersten Weltkriegs). Seit den neunziger Jahren erhält es neben den Stilmerkmalen der Renaissance gelegentlich eine Fassadengestaltung mit Dekorationsformen im *Stil des Barock oder Rokoko*, wobei festzustellen ist, daß diese Stilrichtung in Köln keineswegs so umfassend und prächtig erscheint wie zuvor oder gleichzeitig in anderen großen Städten (z. B. Berlin).

Die ersten derartig gestalteten Häuser in Köln wurden denn auch von einer Berliner Architektenfirma entworfen: Hohenstaufenring 66 und 68 (Abb. 31), zwei gleiche Fassaden, die der Kölner Architekt Thomer 1885/86 nach Plänen seiner Berliner Kollegen ausführte. Das zierliche dreigeschossige Dreifensterhaus mit hohem Mansarddach (das praktisch ein Vollgeschoß darstellt) ist durch die reichen Rahmungen der im Erd- und ersten Obergeschoß rund, im zweiten Obergeschoß gerade schließenden Fenster mit barocken Motiven, wie z. B. Kartuschen, geschwungenen Giebel- und Brüstungsformen, auskragenden Ecken usw. auf einer rustizierten Fassade mit durch-

gehendem kräftigem Fugenschnitt geschmückt. Die Mittelachse wird außer durch den eleganten Balkon und den Giebel auch mit besonders reichem Schmuck der mittleren Fensterrahmungen leicht hervorgehoben. Vom stilistischen Erscheinungsbild her könnte man annehmen, daß dieses Haus eine Stuckfassade besaß (das Original ist, wie fast alle Ringstraßenhäuser, zerstört), eine Technik, deren man sich üblicherweise für die Bauten im Stil des Barock oder Rokoko dem Vorbild gemäß wieder bediente. In Köln war aber die Dominanz des Werksteins an der Ringstraße so stark, daß auch bei dieser Fassade Sandstein verwendet wurde, wie man es hier wohl auch bei den (wenigen) anderen großbürgerlichen Bauten dieses Stils annehmen kann, wie z. B. der Villa Valentin Pfeifer am Kaiser-Wilhelm-Ring 31 (Abb. 32) (1890/91 von Hermann Pflaume erbaut) oder der Villa Eugen Pfeiffer (Tafel 28) in der Riehler Straße 3/Ecke Deutscher Ring (um 1891 von Hermann Pflaume?).

Nahezu fließend wird kurz vor 1900 solch barocker Fassadenschmuck bei völlig unverändertem Bau in Zierformen des *Jugendstils* umgewandelt, deren florale Elemente die direkte Herkunft vom barocken Rollwerk, von seinen Voluten, Kartuschen, Muscheln und der gesamten schwellenden Zier nicht verleugnen können. Ein besonderes Merkmal dieser Häuser mit Jugendstildekoration (es verbietet sich angesichts der seit den späten achtziger Jahren unveränderten architektonischen

33 a   Übierring 35 (1905). Foto 1985

33 b   Übierring 35 (Detail)

Grundform, von Jugendstilarchitektur zu sprechen) ist die virtuos gehandhabte Differenzierung der Oberflächenstruktur der Fassade mit verschiedenen Putz- oder Stucktechniken, wodurch die Lebendigkeit und »Farbigkeit« dieser Häuser noch unterstrichen wird. Besondere Bedeutung erhalten die Kapitelle der Pilaster an den Erkern und Fensterrahmungen, die meist als Masken oder Kränze mit weit herabhängenden »Zöpfen«

34   Übierring 26–28 (1910 von Fritz und Tony Müller)

oder Blattranken ausgebildet sind. Ebenso gehören der triumphbogenartige Giebel, der mit dem mittelrisalitartigen Erker in einem Linienfluß zusammengefaßt ist, und das Dreierfenster zum häufigen Erscheinungsbild dieser Gruppe von Wohnhäusern mit Jugendstildekor. In den allgemein gesteigerten Reichtum der Einzeldekorationen werden auch die Fenster einbezogen; nicht selten erhalten sie vor allem in den Oberlichtern eine äußerst kleinteilige Sprossenanordnung. In der Regel handelt es sich um Putz- und Stuckfassaden, da die Vielfalt der Fassadenstruktur mit diesem Material am einfachsten ausgedrückt werden konnte. In besonderen Fällen jedoch begegnen wir auch Werksteinfassaden dieser Stilform, wie z. B. Theodor-Heuss-Ring 26 (Tafel 30) (erbaut 1900 von den Gebrüdern Schauppmeyer). Die meisten Häuser mit Jugendstildekor finden sich im Bereich der Ringe jedoch im südlichen Teil, am Übierring, der im wesentlichen erst nach 1900 ausgebaut wurde (Abb. 33).

Im Gefolge der Jugendstildekoration an den Wohnhausfassaden kommt es in Köln verschiedentlich auch zu einer Wiederaufnahme gotischer Formen, deren Verwendung in vielen Fällen mit der Nähe eines Sakralbaus in Verbindung steht. An den Ringen beispielsweise bei der Herz-Jesu-Kirche am Zülpicher Platz.

Die Baugeschichte der Wohnhäuser in der zweiten Hälfte des 19. Jahrhunderts klingt um 1908–1914 mit einer Fassadengestaltung aus, die ihre Herkunft von den Häusern mit Jugendstildekoration durchaus erkennen läßt, aber durch das Aufkommen einer *neoklassizistischen Strömung* überlagert wird, wie z. B. Übierring 26–28 (Abb. 34), erbaut 1910 von Fritz und Tony Müller. Hier ist die Ornamentik erstarrt und reduziert zu einfachen, klaren Formen, die sich der Architektur in der Fassadengestaltung klar unterordnen.

Mit dem ersten Weltkrieg endet das 19. Jahrhundert nicht nur, sondern seine Kunstleistungen werden fast übergangslos verdammt. Die Zeit nach diesem Krieg ist geprägt von dem Bestreben, möglichst viele der Bauten des Historismus gegen neue auszuwechseln oder wenigstens durch Entfernen von Zierat einen purifizierten Eindruck zu erreichen (vgl. Tafel 78 u. Abb. 7). Die schrecklichen Zerstörungen des zweiten Weltkriegs hatten für die Zeitgenossen wenigstens das eine Gute: Köln von möglichst viel Gründerzeitarchitektur befreit zu sehen.

Die wirtschaftlich schwierige Zeit der zwanziger Jahre erlaubte allerdings wenig Neubauten, so daß die Wirkung, die der Bau des Kinos Ufa-Palast (Abb. 35) am Hohenzollernring auf die Zeitgenossen ausübte, um so faszinierender war. Man pilgerte geradezu zu dem 1930/31 von Wilhelm Riphahn anstelle eines ehemals hochherrschaftlichen Mietshauses errichteten Stahlskelettbau mit den horizontalen Fensterbändern. Der transparente Bau war (und ist heute noch trotz mancher Veränderung) das beste Beispiel des »neuen Bauens« im Köln der Zwischenkriegszeit und gleichzeitig Fanal einer neuen Kultur, des Kinos. Das zur selben Zeit am Kaiser-Wilhelm-Ring entstehende Allianz-Gebäude von Wach & Roskotten (1930/31) übersetzt diesen Baustil in die für Versicherungsgebäude unerläßliche Werksteinfassade (Abb. 19 u. 20), wobei insbesondere das

35   Hohenzollernring 22–24, Ufa-Palast (1930/31 von Wilhelm Riphan und Caspar Maria Grod)

37   Hohenzollernring 2–10, Concordiahaus (1951/52 von Wilhelm Riphan und Paul Doetsch)

massive Eingangsportal aus dunklem Marmor auch die Nähe des Neoklassizismus erkennen ließ (dieses Portal wurde vor wenigen Jahren endgültig entfernt). Das 1924/25 von Jakob Koerfer erbaute Hansa-Hochhaus (Abb. 6) bringt dagegen mit seiner Klinkerarchitektur expressionistische Stilelemente an den Ring, während ein 1936 von Fritz Spahn errichteter Neubau

36   Kaiser-Wilhelm-Ring 2–4 (1936 von Fritz Spahn). Foto 1977

am Kaiser-Wilhelm-Ring 2–4 (Abb. 36) dem im dritten Reich beliebten schlichten Heimatstil verpflichtet ist.

Der zweite Weltkrieg bringt eine Zäsur in der Bautätigkeit, nicht aber eine in der Architekturentwicklung. Bei den Neubauten der fünfziger Jahre werden die Fäden der Vorkriegsentwicklungen weitergesponnen. So etwa 1951/52 mit dem Concordia-Haus am Hohenzollernring 2–10 (Abb. 37), dessen Architekt Wilhelm Riphahn hier seinen Ufa-Palast in Naturstein mit Glasbändern übersetzt, oder 1959 mit O. M. Ungers' schönem Backsteinfassadenwohnhaus am Hansaring 25–27 (Abb. 38) mit expressiv vorspringenden Balkonen, während ein Wohnhaus am Theodor-Heuss-Ring 46–48 (Abb. 39) von 1955 in seinen schwingenden Balkonen den liebevoll so genannten »Nierentischstil« verkörpert, dessen vergnügte Leichtigkeit sich auch in den zierlichen Formen etwa des Institut Français am Sachsenring 77 (Abb. 40) (1951–1953 erbaut von W. Riphahn), in dem schwingenden Dach der Stadtsparkasse am Barbarossaplatz (Abb. 16) oder dem VW-Haus am Hohenzollernring ausspricht (Abb. 15).

Die sechziger Jahre unseres Jahrhunderts scheinen auch an den Ringen wenig Erfreuliches beigesteuert zu haben (wie übrigens die jüngst installierten Abgüsse der alten Laternen aus dem Volksgarten auch etwas peinlich sind!); im Gegensatz zur Altstadt halten sich allerdings die Maßstabsbrüche in Grenzen. Die zu Beginn des vergangenen Dezenniums einsetzende Neubewertung der Architektur des 19. Jahrhunderts vermochte im letzten Moment noch manches zu retten, was so weiterhin von der architektonischen Qualität der Entstehungszeit der Ringe kündet und Maßstäbe setzt, die von den guten Architekturbeispielen der nachfolgenden Jahrzehnte auch beachtet wurden.

38   Hansaring 25–27 (1959 von Oswald Mathias Ungers)

39   Theodor-Heuss-Ring 46–48 (1955)

40   Sachsenring. Institut Français (1951–1953 von Wilhelm Riphan)

»Die Erfolge der Neuzeit«

Von Denkmälern und Kirchen am Ring, mancherlei Palästen, Pissoirs, Trinkhallen und ihren Benutzern

Von Werner Schäfke

»Die Anwendung echten Materials und die damit verbundene farbige Durchbildung der Façaden, die reichere individuelle Gestaltung und künstlerische Ausschmückung des Innenbaues, vor allem aber das Auftreten selbständiger stilistischer Richtungen, das sind vorzugsweise die Erfolge der Neuzeit.« So feiert der Architekt und kgl. Bauinspector a. D. Karl Schellen die Kölner Leistungen im Bau von Wohn- und Geschäftshäusern in der Festschrift des Jahres 1888 »Köln und seine Bauten«. Ein Jahrhundert später ist von diesen Erfolgen der Neuzeit kaum noch etwas zu sehen. Waren es überhaupt Erfolge? Oder sollte die lauthals vorgetragene Überzeugung zuerst den überzeugen, der sie vorbrachte? Die Verurteilung der Architekturphantasien der Jahrhundertwende, die den Bauten der Ringe noch über die Bomben des zweiten Weltkriegs hinaus Vernichtung brachte, bereitet sich schon vor. Karl Schellen formuliert im gleichen Artikel: »Ja, es erscheint nothwendig, dass bald dem Uebermaasse in der Formgebung Einhalt geboten wird. Es ist vielen nicht mehr genug, dass grimme Löwen und wilde Männer mit boshaften Fratzen weit ausladende Balcone und Consolen tragen, dass die spitzesten Quader künstlich geschaffene Ecken zieren, dass ein Wetteifer entsteht, welcher Erker und Thurm der höchste, welcher Bogen, wenn auch ohne Widerlager, der weitgespannteste; es muss der Mensch, in Zipfelmütze in natürlicher Grösse und in Cement ausgeführt, am Reck an der Façade Turnübungen machen, und vor lauter Formen verschwindet die Fläche. Hier muß Einhalt geboten werden.«

Unvermittelt und unvereinbar stellt Karl Schellen, der in Köln lebende Architekt des Bonner Hauptbahnhofs, uns die beiden Sehmöglichkeiten der Jahrhundertwende gegenüber. Die zwiespältige Selbsteinschätzung des Zeitgenossen gilt noch heute für die Architektur des späten 19. Jahrhunderts. Mit Neugier, Lust am Pomp vergangener Zeiten, mit Trauer über den Verlust des Zerstörten – aber man stelle sich vor, alles stünde noch! – betrachtet man die Bilder, versucht man die letzten Bauten zu bewahren, beginnt man die Leistungen der Architekten zu verstehen.

Die Denkmäler, die aufwendig und mit Eifer binnen weniger Jahre entlang des Ringes entstanden, sind Beispiele der Begeisterung des ausgehenden 19. Jahrhunderts für die eigenen Erfolge (Tafel 26, 27, 37, 38, 40). Für Wilhelm I., für seine Gemahlin Kaiserin Augusta, für ihren Sohn Friedrich III. geschaffen, sind sie die Umsetzung der Namensgebung der Ringstraße in Bronze. Josef Stübben, Stadtbaumeister der Neustadt, deren Herzstück die Ringe sind, formuliert dieses Bewußtsein selbst in der genannten Festschrift: »Die Namen der zehn Ringstrassenstrecken erinnern an die kölnische und deutsche Geschichte. Sie beginnen mit dem ›Ubierring‹ als Erinnerung an den deutschen Volksstamm, welcher in vorrömischer Zeit auch das linke Rheinufer bei Köln bewohnte, nennen die Hauptgeschlechter der deutschen Kaiser von den Karolingern bis zum ruhmreichen Neubegründer des Reichs, Kaiser Wilhelm, erinnern im Hansaring an jenen mächtigen Städtebund des Mittelalters, in welchem Köln zeitweilig den Vorsitz führte, und schließen mit vaterländischem Klange im ›Deutschen Ring‹.«

Vaterländische Begeisterung dieser Art ist uns heute fremd; die Geschichte des dritten Reichs hat sie uns unmöglich gemacht. Für Köln und die Kölner des späten 19. Jahrhunderts leuchtete seit der Begründung des neuen Kaiserreiches 1871 dagegen deutsche Geschichte in neuem Glanz. Das große Fest der Domvollendung 1880, dessen historischer Festzug die Vergangenheit fugenlos und glücklich mit dem bürgerlichen Erfolg der Gegenwart verband, der Fall der Stadtmauer 1881 und das rasche Wachstum der Neustadt danach – der Geist dieser Zeit fand seinen Ausdruck in Fassaden und Denkmälern. Die inneren Konflikte der deutschen Gesellschaft um Verfassung, soziale Frage und im Kirchenkampf wurden in Pomp und Prunk verborgen. Nun hat Köln zwar keinen Attentatsversuch zu verzeichnen, wie er bei der Einweihung des Niederwalddenkmals scheiterte, Kritik aber wird trotzdem laut. So begeistert sich »Kölnische Zeitung« und »Kölnische Volkszeitung« bei Kaiserbesuchen äußern, so beißend kann der Ton in der »Rheinischen Zeitung« sein. Man nimmt dabei die untertänigen Honoratioren ebenso aufs Korn wie die geschäftstüchtigen Hausbesitzer, die wie bei einem Karnevalszug Fensterplätze vermieten. Man scheut sich auch nicht, den hohen Kosten für den Schmuck der Straßen die Not der Armen gegenüberzustellen. Den Zwiespalt der Meinungen und Vorstellungen können zwei Zitate aus der »Rheinischen Zeitung«, dem Organ der Sozialdemokratie, erläutern. Am 19. Juni des Jahres 1897, als man die voll Pomp absolvierte Enthüllung des Kaiser-Wilhelm-Denkmals am Kaiser-Wilhelm-Ring nach dem Entwurf von Richard Anders vollzogen hatte, wurde die Rede Wilhelms II. im Gürzenich zitiert: »Ich spreche Ihnen allen meinen Glückwunsch aus, daß diese Ihre Stadt, seit ich sie nicht gesehen habe, sich in solch bewundernswerther Weise entfaltet hat. An

dem Postament des neuen Denkmals sieht man vorn die Colonia mit dem Oelzweig in der Hand, dem Bild des Friedens, der Gewerbefleiß des Bürgers unter dem Schutze des Monarchen. Auf der anderen Seite steht der Meergott mit dem Dreizack, dem Zeichen dafür, daß, seitdem der große Kaiser das Reich geschmiedet, wir auch noch andere Aufgaben haben: deutschen Sinn und deutsches Wesen allerorten zu pflegen und deutsche Ehre im Ausland aufrechtzuerhalten. Ich meine, der Dreizack gehört in unsere Faust, und ich denke, die Kölner Bürgerschaft ist eine von denen, die das am besten zu würdigen versteht.« Recht und geradezu dreizackig gesprochen, aber es ist wohl kaum anzunehmen, daß gerade die Kölner diese Töne am besten zu würdigen verstanden.

Am 1. Oktober 1903 wurden die Denkmäler für Kaiserin Augusta und für ihren Sohn Kaiser Friedrich III. durch den Kronprinzen enthüllt. Das Denkmal für Augusta (Tafel 38) hatte seinen Platz inmitten des Kaiser-Wilhelm-Ringes in einer parkartigen Anlage gefunden. Die Arbeit der Bildhauer Franz Dorrenbach und Heinrich Stockmann auf dem Sockel des Kölner Architekten Johann Kirsch wirkt auf uns erheblich ruhiger als der Kommentar der Rheinischen Zeitung vom Freitag, dem 2. Oktober des Jahres 1903: »Die Denkmalenthüllung hat den

41   Hohenzollernring 36–40. Foto um 1918

42   Am Barbarossaplatz/Ecke Luxemburger und Pfälzer Straße. Foto um 1900

vorauszusehenden Verlauf genommen. Zusammenrottungen befrackter Stadtbureaukraten, militärischer Flitter, Kriegervereinsbegeisterung, Straßenabsperrungen und viel Volk. Die Fürstlichkeiten selbstverständlich von bezaubernder Liebenswürdigkeit, die Weihereden und Trinksprüche voll von byzantinischer Lobhudelei. Dazu Ordensverleihungen.« Bei der Enthüllung des Denkmals für Kaiser Friedrich III. von Peter Breuer, dessen berühmteste Arbeit das erst 1938 aufgestellte Bonner Beethoven-Denkmal ist, war auch der Kölner Erzbischof mit anwesend (Tafel 27). Die Kulisse der historisierenden Architektur der privaten und öffentlichen Bauten erfuhr in solchen Momenten ihre Erfüllung. Die »bessere Gesellschaft« feierte sich als Vollendung deutscher Geschichte.

Dieser Anspruch verbirgt sich auch hinter dem Vater-Rhein-Brunnen des Bildhauers Adolf von Hildebrand (Abb. 45). Der Geheime Kommerzienrat Otto Andreae, der bereits den Bau für die Schätze des Kunstgewerbemuseums gestiftet hatte, stellt 1911 die beachtliche Summe von 250 000 Mark für den Ankauf der letzten großen Arbeit des Bildhauers zur Verfügung. Vater Rhein ruht, wie man sich die alten Germanen auf dem Bärenfell vorstellt, auf schilfumstandenem Felsen, ein Ruder in der Hand, von nicht sehr munter dreinblickenden Rheintöchtern umspielt.

43 Kaiser Wilhelm II. auf dem Ring am 22. Mai 1911 zur Einweihung der Hohenzollernbrücke

44 Kaiser-Wilhelm-Ring. Foto um 1920

45 Adolf von Hildebrand, Vater-Rhein-Brunnen am Kaiser-Wilhelm-Ring. Foto um 1930

Nach dem Tode Hildebrands erst von den Bildhauern Sattler und Georgii vollendet und mit einer weiteren Stiftung des Kommerzienrates Wilhelm Dederich finanziert, wurde die Anlage 1922 am Südende der Parkanlage des Kaiser-Wilhelm-Ringes aufgestellt. Ursprünglich sollte der Brunnen auf dem Hansaplatz neben dem Kunstgewerbemuseum stehen, mit der mittelalterlichen Stadtmauer als Hintergrund, aber die Lichtverhältnisse dort wurden schließlich als zu ungünstig angesehen.

Für Köln konnte man bei Adolf von Hildebrand nichts Dynastisches in Auftrag geben, was seinem berühmten Wittelsbacherbrunnen in München vergleichbar gewesen wäre. Aber Vater Rhein ist für die Kaiserzeit des zweiten Reiches die Symbolfigur, an der sich seit dem frühen 19. Jahrhundert der Wehrwille gegen den Erbfeind Frankreich festklammert: »Sie sollen ihn nicht haben, den freien deutschen Rhein.« Daher war diese Gestalt mit wallendem Bart auch schon als Prunkstück unter den Tafelaufsätzen des Kölner Ratssilbers aus der Werkstatt Gabriel Hermelings im Jahre 1900 auf der Pariser Weltausstellung erschienen.

Mit dem eigentlichen historischen Denkmal, den mittelalterlichen Stadtmauern Kölns, war man recht rüde umgegangen. Mittels des hohen Preises für den Rückkauf alten städtischen Besitzes hatte man es notwendig gemacht, durch Abriß Grundstücke für Verkauf und Bebauung freizulegen. Den ersten Stein aus dem Abbruch der Stadtmauer erhielt Oberbürgermeister Becker als von Gabriel Hermeling in Silber gefaßtes Erinnerungsstück. Des hohen Wertes der Kölner Befestigungen war man sich erst bewußt geworden, als der Abbruch drohte. Hofphotograph Anselm Schmitz gab eine Mappe mit Aufnahmen heraus, und der Architekten- und Ingenieur-Verein für Niederrhein und Westfalen ließ 1883 einen Band mit präzisen zeichnerischen Darstellungen der Anlagen erscheinen. Nur mit Mühe wurde der vollständige Abbruch verhindert. Hatte man da, neben allen Wünschen nach Grundstücken, das Gefühl, ein Denkmal bürgerlicher Anstrengungen, städtische Freiheit zu verteidigen, passe nicht in die neue Kaiserzeit?

Bischof Engelbert II. hatte 1261 die beiden Endpunkte der Stadtmauer am Rhein, den Bayenturm und den Kunibertsturm,

zu Zwingburgen für seine widerspenstigen Bürger ausgebaut. 1262 wurden sie gestürmt, und der stolze Bayenturm blieb stehen, nun wieder Teil der Stadtbefestigung, »up dat die Burger gedenken an den turne, sowanne si den sein, dat si sich verdragen in eindrechtigkeit ind niet verliesen ire vriheit ind zoilassen, dat solche bezwang ind roide over si gemacht werde«.

Bis zur Übergabe an die französischen Revolutionstruppen am 6. Oktober 1794 haben sich die immer wieder erweiterten und verbesserten Befestigungsanlagen Kölns bewährt. Nur einen bürgerkriegsartigen Zwischenfall gibt es für das Jahr 1268 zu erwähnen. An ihn erinnert das Denkmal an der Ulrepforte, das an der Außenseite der Stadtmauer am Sachsenring zu sehen ist (Tafel 97). Das vor 1378 entstandene Relief ist das älteste historische Denkmal auf deutschem Boden. Die Patrizierpartei der »Weisen« hatte sich in ihrer Auseinandersetzung mit den von den Overstolzen geführten »Freunden« mit dem Kölner Erzbischof Engelbert II. verbündet. In der Nacht »der

46 Anzeige in: Neuester Illustrirter Führer durch Köln und Umgebung, zusammengestellt von A. C. Greven, Köln 1888

36

heiligen Mohren«, der mauretanischen Märtyrer aus der thebäischen Legion, vom 14. auf den 15. Oktober 1268 versuchten die »Weisen« und ihre Verbündeten durch ein Loch in den Befestigungen in Köln einzudringen. Sie scheiterten nach blutigen Auseinandersetzungen, da die »Freunde« rechtzeitig alarmiert worden waren. Diesem Ereignis, bei dem wieder einmal die Freiheit der Stadt vom Erzbischof bedroht wurde, setzte man wenige Jahre vor dem Ende der Patrizierherrschaft noch ein Denkmal. Es ist oft repariert worden. Während des Abbruchs der Mauer mußte man es sogar mit einem Bretterverschlag gegen die Steinwürfe übermütiger Schuljugend schützen. Der Kölner Bildhauer Peter Fuchs hat dann 1886 das Mittelfeld völlig erneuert und den oberen Abschnitt ergänzt. 1983 wurde es ausgebaut – das Original steht nun im Kölnischen Stadtmuseum – und durch einen Abguß ersetzt.

Für die erhaltenen Teile der Stadtmauer findet sich rasch eine Nutzung. Die Ulrepforte wird mit einem Bau von Vincenz Statz zu einem beliebten Ausflugsziel (Abb. 46). Das Mauerstück am Hansaplatz, wo sogar die Maßverhältnisse von Wall, Graben und Mauer noch erkennbar sind, die sonst durch Aufschüttungen verlorengingen, bildet den Hintergrund eines Kinderspielplatzes. Der Bayenturm wird als Prähistorisches Museum eingerichtet, die Severinstorburg (Tafel 102 u. 103) als Museum für Handel und Industrie, zeitweise als Museum für Volkshygiene, und dem 1888 gegründeten Historischen Museum stellt man Hahnentor und Eigelsteintorburg zur Verfügung (Tafel 31 u. 78). Mit Wurfgeschützen, Wappen und Fahnen werden sie auch schon mal in die kaiserfestliche Dekoration der Ringe mit einbezogen (Tafel 73).

Aber mit der Aufschüttung der Straßen, mit dem Einebnen der Wälle, mit dem Abbruch der vorgelagerten Befestigungsbereiche und der hohen Bebauung der Ringstraße haben die Überreste der Stadtmauer ihre Maßstäblichkeit verloren, sie sind fast niedlich geworden, Souvenirs der mittelalterlichen Glanzzeit, als die Bürger 1180, ohne Kaiser oder Erzbischof zu fragen, die größte Bauunternehmung Kölns, die größte Befestigung nördlich der Alpen begannen. Bis auf den Bayenturm, dessen Obergeschosse noch nicht erneuert sind, haben die mittelalterlichen Bauten aber am Ring, im Gegensatz zu den Denkmälern und Bauten der Jahrhundertwende dort, den zweiten Weltkrieg fast heil überstanden.

Adolf von Hildebrands Vater-Rhein-Brunnen wurde nach 1939 entfernt, fast spurlos – da man ein »jüdisches Kunstwerk« nicht mehr dulden wollte. Das Modell für Vater Rhein selbst steht heute im Stadthaus, Erinnerung an einen herben Verlust. 1943 folgte die Demontage Kaiser Wilhelms I. (Abb. 18). Die kostbare Bronze fand militärische Verwendung. Äußerlich beschädigt, aber mehr noch innerlich angeschlagen, ihrer Berechtigung beraubt, sind auch Kaiserin Augusta und Kaiser Friedrich III. nach Kriegsende abgeräumt worden. Die steinernen Trümmer wurden entfernt, die verwertbare Bronze schmolz man ein. Bedauern spürt man für Vater Rhein und seine Töchter; sie wären heute noch eine Zierde des Rings. Kein Ersatz zeigt sich auch für jene städtebaulichen Akzente, die einst Augusta oder ihr Gemahl inmitten des Ringes setzten oder die Friedrich III. als Abschluß der Ringstraße im Norden bot.

47　　St. Paul von Westen. Foto 1909

Denkmäler anderer Art stehen noch. Die Pauluskirche am Sachsenring (Abb. 47–49) gegenüber der Ulrepforte entstand als Denkmal für den Kölner Erzbischof zur Zeit des Kirchenkampfs, Dr. Paulus Melchers. Unter dem Eindruck der Gefangennahme des Kölner Erzbischofs Clemens August Droste zu Vischering am 20. November 1837 hatte sich der erfolgreiche Jurist entschlossen, Theologie zu studieren. Am 3. August 1857 sehen wir den Einzug des früheren Generalvikars und Domdechanten von Münster als Bischof von Paderborn, am 14. April 1866 begegnen wir ihm in Berlin, wo er als erwählter Erzbischof von Köln vor Sr. Majestät dem König den Huldigungseid ablegt. Ob ihm damals träumte, daß er in wenigen Jahren wie sein Vorgänger Clemens August in Haft genommen würde? Mit den

48 St. Paul vom Sachsenring. Foto 1909

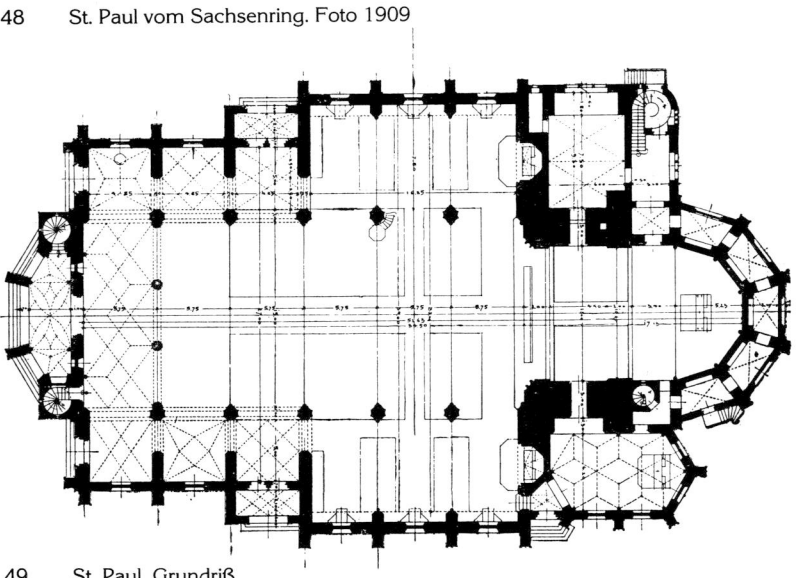

49 St. Paul, Grundriß

Auseinandersetzungen des Kulturkampfs konnte man wohl zu diesem Augenblick noch nicht rechnen. Das Dogma von der Unfehlbarkeit des Papstes (1870), der Überschwang des Sieges über Frankreich, der Glanz des neuen Kaiserreiches führen zu einer sich ständig verschärfenden Auseinandersetzung zwischen Staat und katholischer Kirche. Besonders die Maigesetze des Jahres 1873 versuchen einschneidende Eingriffe in das kirchliche Leben. Geld- und schließlich Haftstrafen drohen zuwiderhandelnden Geistlichen. Am 31. März 1874 erscheint Polizeipräsident Devens und läßt Erzbischof Dr. Melchers in den Klingelpütz abführen, aus dem er erst am 9. Oktober entlassen wird. Am 13. Dezember 1875 geht er ins Exil nach Maastricht. So findet die Feier der Vollendung des Kölner Domes ohne ihn

statt, und am Ende des Kulturkampfs steht seine Berufung als Kardinal nach Rom, nicht die ersehnte Rückkehr nach Köln. Die geschieht erst nach seinem Tode: Am 27. Dezember 1895 wird Melchers in der Krypta des Domes bestattet. Und ein Aufruf seines Nachfolgers Philipp Krementz zu Beginn des neuen Jahres erbittet Spenden für eine Kirche als Denkmal. 1901 wird dann die Pfarre St. Paulus errichtet. Im folgenden Jahre wird unter 78 eingereichten Entwürfen der Plan des Kölner Architekten Stephan Mattar (1875–1944) ausgewählt. Am 9. April 1905 erfolgt der erste Spatenstich, am 13. Mai 1906 die feierliche Grundsteinlegung, und am 29. April 1909 fand die Weihe des Neubaus statt.

Am ersten rechten Pfeiler der Orgelempore mit seinem eleganten und präzisen Steinschnitt erinnert ein naturgetreu in Stein gehauener Strick – so überliefert es die Legende – an die Schwierigkeiten des Architekten mit dem Bau. Bekannt ist, daß der Entwurf zu gerichtlichen Auseinandersetzungen mit Mattars ehemaligem Lehrmeister Max Meckel führte, den der Turm von St. Paul an den Turm seiner eigenen Kirche St. Georg in Ulm erinnerte. Stephan Mattar, der in der Neustadt nach 1913 auch noch St. Maternus mit einer der frühesten Stahlbetondecken errichtete, greift hier auf die Vorbilder süddeutscher Spätgotik zurück, aber im Detail wie im Gesamtplan entwickelt er eigene Formen. So gestaltet er die ersten drei Joche mit Emporen und Fenstern im Obergaden, dann folgen drei Joche einer gestuften Halle, die ihr Licht nur von den Fenstern der Seitenschiffe bezieht. Beide Raumteile verbindet ein weitgespanntes Netzgewölbe zur Einheit. Die Erinnerung an die Hallenkirchen der Spätgotik wird dann sofort durch den Bereich des Turmes zwischen Chor und Schiff unterbrochen, dem nach allen Leistungen des Wiederaufbaus noch die malerischen drei Helme fehlen. Die konzentrierte Raumwirkung des Chores wird heute durch die von Gottfried Böhm vorgeschlagene Öffnung des Choruntergeschosses zum ursprünglich abgetrennten Chorumgang gestört. Aber die Freude am bildhauerischen Detail, dem z. B. am Eingang der Teufel in einer Hohlkehle steckt, und das kunstvolle Gegeneinander glatter Steinflächen gegen reiches Maßwerk am Außenbau bleiben. Die Erinnerung an den

50 St. Agnes von Nordwesten

ersten Pfarrer Haas bewahrt eine Hase im Südgiebel der Sakristei, an deren Türmchen sich auch der Architekt verewigte.

Ebenso ein Denkmal – ein sehr privates, aber auch eins der ganzen Neustadt – ist die Agneskirche (Abb. 4 u. 50) in der Nähe des heutigen Ebertplatzes, vormals Adolf-Hitler-Platz, davor Platz der Republik, davor und zuerst Teil des Deutschen Rings. Das mittelalterliche Gegenüber der nach dem Dom größten Kirche Kölns mit einer Länge von 80 m und einer Grundfläche von 2500 m² ist die Eigelsteintorburg (Tafel 31).

War die Pauluskirche als Denkmal für den Helden des Kirchenkampfs gedacht, so ist St. Agnes eigentlich Denkmal des raschen Wachstums der Neustadt selbst. Dr. Peter Joseph Roeckerath wollte, wie er in seinem Brief vom 9. Juli 1895 an das Erzbischöfliche Generalvikariat formulierte, die »Überschüsse eines Jahreseinkommens« fünf Jahre lang – mindestens 100 000, maximal 200 000 Mark – für eine in der Neustadt zu errichtende Kirche stiften – mit der Bedingung, daß diese Kirche der Namenspatronin seiner Frau, der heiligen Agnes, geweiht würde. Schon 1887 hatte er zusammen mit Justizrat Eduard Schenk, dessen Tochter er später heiraten sollte, und der von ihm geleiteten Aktiengesellschaft Cölner Grunderwerb dem Erzbistum den Bauplatz für die Herz-Jesu-Kirche geschenkt. Auch an der Errichtung von St. Michael (Abb. 58), 1902–1906, wo Eduard Endler am Brüsseler Platz romanische Bauformen aufgriff, hat er sich beteiligt.

Sein Vermögen hatte Dr. Peter Joseph Roeckerath in langen Jahren zusammengebracht. Ursprünglich zum Geistlichen bestimmt, hatte er sich bald für die Laufbahn des Gymnasiallehrers entschieden. Sein Vater war als Schreiner mit Bauunternehmungen beschäftigt gewesen. Nach der Eheschließung mit Agnes Schmitz im Jahre 1867 verlegte Roeckerath sich – zuerst zusammen mit seinen im Handwerk tätigen Brüdern, bald allein – auf Bau und Verkauf von Häusern für den steigenden Wohnungsbedarf. Seine Ehefrau, »aus einer alten Cölner Kappesbauernfamilie stammend«, wie Schwiegersohn Dr. Carl Bachem 1906 in einer kleinen Biographie Roeckeraths formuliert, besaß dafür Grundstücke innerhalb und außerhalb der Stadtmauer aus dem Erbe einer Tante. Die Arbeit als Lehrer gab Roeckerath bald auf. Er ist hinsichtlich seines Werdegangs zwar ein Sonderfall unter den vielen Handwerkern und Architekten, die sich bei der Entwicklung der Neustadt betätigten, war aber wohl durch die Kenntnisse des väterlichen Betriebs vorbelastet. Manches dieser Bauunternehmen besteht noch heute, wie z. B. das Robert Perthels, der sich 1887 als Architekt selbständig machte und sich 1895 mit dem Bau des Hauses Hansaring 57 (Abb. 51) inmitten seines Arbeitsbereiches niederließ.

Die Aktivitäten innerhalb der Stadtmauer bildeten die Grundlage für die Unternehmungen nach dem Fall der Stadtmauer 1881. Stübbens durchkomponierte Planung der Neustadt stieß jenseits des durch die Stadt erworbenen Festungsterrains auf Schwierigkeiten: Das seit Jahrhunderten landwirtschaftlich genutzte Gelände war in kleine und kleinste Parzellen aufgeteilt; die Straßenplanungen Stübbens nahmen keine Rücksicht darauf, Straßenflächen sollten ersatzlos in den Besitz der Stadt übergehen. Ohne Zusammenlegungen war Bauen also

51   Hansaring 57, Haus von Robert Perthel

unmöglich. Roeckerath gehörte zu denen, die zu guten Preisen Grundstücke erwarben, sie zusammenfügten und bebaut oder auch unbebaut wieder verkauften. Dabei war er zugleich – im Gegensatz zu den Motiven, die man ihm gern unterstellte – bemüht, Häuserkauf auch finanziell Schwächeren möglich zu machen. Mit der Gründung des Bauvereins und des Kredit-Vereins im Jahr 1867 sowie der Rheinischen Volksbank von 1875 gehört er zu den Pionieren des Volksbankwesens. Im Gegensatz zu den Genossenschaftsbanken wurde hier nun auch die Aktienform der Einlage gewählt. Ähnlich aktiv war Roeckerath im Bereich des Hypothekenwesens (Abb. 52) oder der Feuerversicherung. Niedrigere Zinsen, niedrigere Prämien waren dabei sein Ziel. Diese Bemühungen waren von einem ebenso intensiven politischen Engagement für das Zentrum im Rat der Stadt Köln, im preußischen Landtag und im Reichstag begleitet.

Den Platz für seine Stiftung nun wollte er so wählen, daß man ihm keine finanziellen Nebengedanken nachsagen könnte. Daher waren seine ersten Vorstellungen mit dem Platz an der Vorgebirgstraße verbunden, den später die Pauluskirche einnehmen sollte. Es bedurfte einiger Überredung, seine Zustimmung zum Bauplatz an der Neusser Straße zu gewinnen. Am 20. November 1896 erfolgte der erste Spatenstich auf einem Bauplatz, der noch von freiem Feld umgeben war. Das Bild änderte sich noch während der Bauzeit. Rasch wuchsen, teils auf Grundstücken, die Roeckerath inzwischen durch Tausch vom Fiskus erworben hatte, Wohnhäuser heran. Die Baukosten

52 »Hypotheken-Wagen« aus dem Karnevalszug 1888

der Kirche stiegen weit über das vorgesehene Maß. Die Architekten Carl Rüdell und Richard Odenthal erlitten bei diesem größten Auftrag unter den achtzig Kirchen, die sie gemeinsam gebaut haben, schwere finanzielle Verluste. Und am 28. Januar 1902, eine Woche nach der Weihe des Baus, gab Roeckerath die Bausumme mit 750 000 Mark an, wobei der Turm erst im kommenden Jahr vollendet wurde und er wie auch seine Familie weitere Stiftungen folgen ließ.

Vielleicht waren damals die Voraussetzungen für Stiftungen günstiger als heute. Hohe Summen und eine unter den Bürgern der Stadt weit verbreitete Bereitschaft zu Stiftungen für Kirche und Kultur sind in diesen Jahren immer wieder festzustellen. Beim Bau der Museen werden wir diesem Phänomen genauso begegnen wie bei der Errichtung der Handelshochschule. Zumindest die äußere Möglichkeit für diese Großzügigkeit mag durch andere Steuerverhältnisse gegeben gewesen sein. Roeckeraths Schwiegersohn Carl Bachem überliefert einen Ausspruch, der uns heute überrascht aufhorchen läßt: »Er hätte auch nichts dagegen gehabt, wenn der Höchstsatz der Einkommensteuer statt auf vier auf fünf Prozent festgesetzt worden wäre.«

Der Entwurf für St. Agnes ist vom Stifter beeinflußt worden. Er wünschte eine weite, hohe Hallenkirche, wie er sie z. B. in Münster gesehen hatte. Der Turm sollte ohne Helm vollendet werden, und in der Kirche als einer Volkskirche sollten die Sitzplätze nicht verkauft werden, sollten alle Plätze allen zugänglich sein. Dazu wünschte Roeckerath den Bau einer Krypta, um für die polnischen und italienischen Gastarbeiter seiner Zeit einen Raum für Gottesdienste zur Verfügung stellen zu können. Die Architekten folgten seinen Vorstellungen mit einem Hallenbau, der die Formen früher französischer Gotik aufgreift, dabei aber in den Lösungen für die Querhauskapellen durchaus eigenständige Entwicklungen findet. Der 62 m hohe Turm erinnert, vom Quadrat geschickt ins Achteck überführt, mit seiner Vorhalle an süddeutsche Vorbilder. Beim Äußeren des Baus sind die einzelnen Formen aus dem Anfang und der Mitte des

13. Jahrhunderts gewählt. Aber im Gegensatz zur gotischen Architektur jener Zeit werden, den Klassizismus der neugotischen Bauten Ernst Friedrich Zwirners in Erinnerung rufend, die Fenster in die glatt gespannte Fläche der Wand geschnitten, wird die Wand nicht in Glasflächen, Pfeiler und Maßwerk aufgelöst. Ein hoher, fensterloser Sockel grenzt den Bau, aber auch den Innenraum von den Straßen ab. Die strenge Flächigkeit wird durch den Verzicht auf Strebepfeiler und Strebebögen noch betont.

Die feierliche abschließende Weihe vollzog Kardinal Felix von Hartmann erst nach Beendigung der Arbeiten an der Ausstattung am 20. Mai 1913. Viele dieser Werke sind inzwischen untergegangen. Aber die Grabkapelle des Stifters, der die Ausnahmeerlaubnis erhielt, in der Kirche beigesetzt zu werden, überliefert noch die Vorstellungen, die den Kirchenbau dieser Jahre leiteten. Nach den Zerstörungen des zweiten Weltkriegs erhielt St. Agnes eine Holzdecke anstelle der massiven Gewölbe; erst nach einem Dachstuhlbrand am 18. Juni 1980 entschloß man sich, die Gewölbe zu erneuern – ein Zeichen dafür, daß man die Architektur der Jahrhundertwende als eigenständige Leistung zu schätzen beginnt.

Einer der elegantesten Zeugen des Kirchenbaus dieser Jahre war gewiß auch die Herz-Jesu-Kirche am Zülpicher Platz, deren Grundstück – wir erinnern uns – durch Dr. Roeckeraths Initiative als Schenkung zur Verfügung gestellt wurde. Auf ausdrücklichen Wunsch des Erzbischofs Kardinal Krementz sollte die erste in der Neustadt zu erbauende Pfarrkirche am Hohenstaufenring dem Herzen Jesu geweiht sein (Abb. 53 u. 54, Tafel 87). Der Herz-Jesu-Kirchenbauverein, im März 1889 gegründet, stand mit dem Bauplatz in prominenter Lage am Ring vor Problemen, die die Festschrift zur Vollendung der Kirche schildert: »Erste Aufgabe war es, die Mittel für den Bau aufzubringen, für den Bau eines Gotteshauses, welches sich den in unserer Stadt bereits vorhandenen ›Perlen kirchlicher Baukunst‹ ebenbürtig an die Seite stellen könnte; ein monumentaler Bau schien zudem schon durch seine Lage an der herrlichen

Ringstraße geradezu geboten, an einer Stelle, wo sich Palast neben Palast erhebt, mit allem Luxus der Neuzeit von innen und außen ausgestattet. Diesen Privathäusern gegenüber konnte und durfte die erste katholische Kirche an Pracht nicht zurückstehen.«

Am 21. März 1890 beschloß der Vorstand des Bauvereins, dem Urteil des Preisgerichtes, in dem natürlich Stadtbaurat Stübben Sitz und Stimme hatte, sich anschließend, dem Entwurf des aus der Kölner Dombauhütte hervorgegangenen Architekten Friedrich von Schmidt zu folgen. Nach dem Tode des in den erblichen Freiherrnstand erhobenen k. u. k. Oberbaurats und Wiener Dombaumeisters 1891 übertrug man die Ausführung der Planungen seinem Sohn Heinrich. Der bis ins Detail durchdachte Plan ist heute durch die Zerstörung des Chors verstümmelt. Die Herz-Jesu-Figur des Bildhauers Alexander Iven, die einst wie die Marienfigur der Marienburg an der Nogat das Achsfenster der herausgeschobenen Scheitelkapelle als Nische nutzte, ist noch erhalten; aber der Wechsel zwischen gestuftem basilikalem Querschnitt des Chors und der weiten Halle des Schiffs ist verloren. Mit reichem Strebewerk, Fialen und Balustraden im Bereich des Chorumgangs und des Chordachs, mit zierlichem Dachreiter und schlankem Turmhelm war der Bau in frühgotischen Formen als bewußter Kontrast gegen den historisierenden Prunk der Privatbauten am Ring gesetzt worden. Der Turm entstand erst 1906–1909. Aus stati-

54   Herz-Jesu-Kirche. Foto 1909

schen und auch aus ästhetischen Gründen wurde er weiter westlich als ursprünglich beabsichtigt errichtet, präziser in die Straßenfluchten eingebracht.

Am Ursprung der ersten evangelischen Kirche der Neustadt, der Christuskirche (Abb. 55–57, Tafel 44 u. 45) an der Herwarthstraße, auf einem Grundstück, das der Besitzer Roecke-

53   Herz-Jesu-Kirche, Weihe von Lang- und Querhaus am 14. Oktober 1895

55   Christuskirche. Foto um 1895

56   Christuskirche, Blick in Richtung Chor

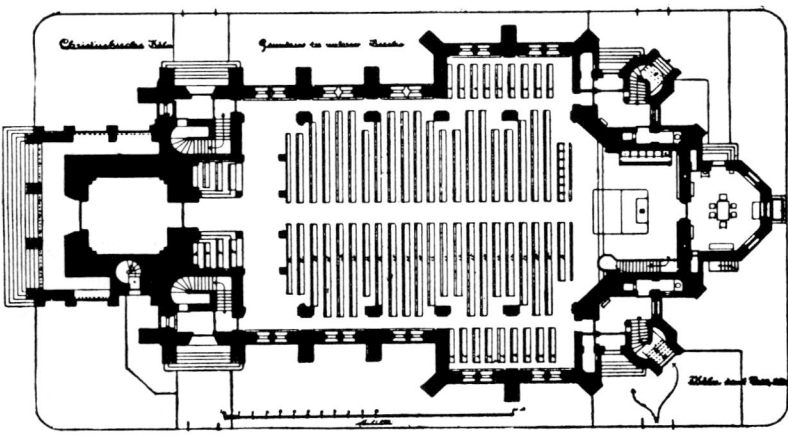

57   Christuskirche, Grundriß in Boden- und Emporenhöhe

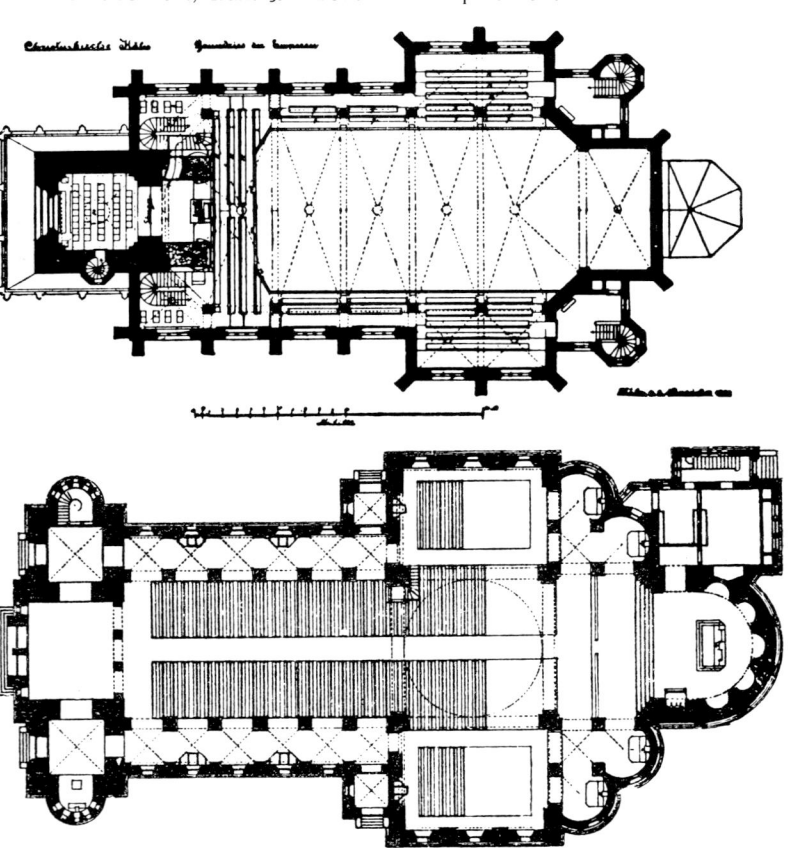

58   St. Michael, Grundriß

rath bei dieser Gelegenheit mit Gewinn verkaufte, steht das Luther-Jubiläum des Jahres 1883. Es war Anlaß, Spenden für den Bau der dritten evangelischen Kirche in Köln zu sammeln. Das Grundstück wurde erst nach einigen stadtinternen Diskussionen gewählt. Erste Baupläne am Kaiser-Wilhelm-Ring oder an der Gladbacher Straße wurden vom Stadtbauamt verhindert, das nun erklärte: »Es würde ein außerordentlicher Gewinn für die Schönheit der Stadt sein, wenn die evangelische Gemeinde sich entschließen könnte, diesen herrlichen Platz zu wählen.« Am 31. Mai 1888 verlieh das Preisgericht dem Entwurf des Straßburger Dombaumeisters August Hartel und seines Partners Skjold Neckelmann den ersten Preis, während Heinrich Wiethase einen der beiden zweiten Preise erhielt. So schön der Plan war, es stellte sich bald heraus, daß die vorgesehenen Mittel nicht ausreichen würden. Nach langen Auseinandersetzungen erhielt dann nach dem Tode Hartels Heinrich Wiethase 1890 den Auftrag, einen von ihm vereinfachten Plan nach Hartels Entwurf zu verwirklichen. Am 1. Oktober 1891 wurde der Grundstein gelegt, und Arthur Eberhard übernahm für Wiethase die örtliche Bauleitung und nach dessen Tod 1893 die ganze Verantwortung. Bereits am 2. Dezember 1894 konnte der wie St. Agnes auf die Straßenachse mit Blick zum Ring bezogene Bau eingeweiht werden.

Wieder begegnet man einer Einturmfassade, deren Vorhalle als Anregung für St. Agnes gedient haben könnte. Das Äußere, dessen gliedernde Elemente in rotem Solling-Sandstein akzentuiert sind, bietet sich als Hallenkirche mit Querhaus und Chor dar. Die detailliert und elegant gearbeiteten spätgotischen Maßwerkformen lösen die schlichten Grundformen des Baus nicht auf. Die aufeinandergesetzten Würfel des Turms, halbiert im fünften Geschoß, dann über Giebel in den achtseitigen Turmhelm mit Maßwerkkrone überführt, sind ebenso zu erkennen wie die schlichten Lösungen der Außenwände. Die ans Langhaus angesetzte Sakristei erweckt den Eindruck eines Chores; die Treppentürmchen, die den Zugang ins Innere überragen, führen die Gemeinde auf die Empore (Abb. 55). Innen erschließt sich ein unerwartetes Bild (Abb. 56). Die über die Querschiffe durchgezogenen Emporen, auf reichen Konsolen in den Raum vorkragend, der gerade Schluß des Raums erzeugen den Saalcharakter gewohnten protestantischen Kirchenbaus. Ihm widersprechen wieder das reiche gotische Gewölbe, das von knapp vor die Wand gestellten Pfeilern aufgefangen wird, und die Ausstattung. Je ein Pfeiler steht in der Mitte des Raumteils, der außen als Querhaus erscheint, und betont abschrankend den Hallencharakter, der ja auch die katholischen neugotischen Kirchen der Neustadt prägt.

August Hartel war mit seinem Entwurf das Kunststück gelungen, die Tradition evangelischen Kirchenbaus im Inneren mit einem äußeren Erscheinungsbild zu verbinden, das gewohnten Seherwartungen an einen gotischen Kirchenbau entsprach. Der immerhin 75 m hohe Turm sollte seine Rolle im Stadtbild spielen können, die Blickachse zum Kaiser-Wilhelm-Ring dominieren und der lebendig durchstrukturierte Kirchenbau den historisierenden Bauten ringsum Antwort geben können.

Die Ausstattung mit farbigen Glasfenstern und Wandmalereien entsprach den Selbstdarstellungswünschen der verschiedenen Stifter. Den Auftrag für die Darstellung des Abendmahls und anderer Szenen des Neuen Testamentes im Chorbereich erhielt Karl Andreae; Stifter war sein Bruder, der Kommerzienrat Otto Andreae. Die übrigen Wand- und Gewölbeflächen stattete der Dekorationsmaler Joseph Julian Renard nach Entwürfen Karl Andreaes mit spätgotischen Ornamenten aus. Den Taufstein aus der Werkstatt des Bildhauers Edmund Renard finanzierte der Geheime Kommerzienrat Eugen Langen, die Altardecken Frau Otto Deichmann; der Bankier Raoul Stein kam für das Altargerät aus der Werkstatt Gabriel Hermelings auf. Es entstand nach Entwürfen Arthur Eberhards und ist noch erhalten. Ihre Majestät die Kaiserin und Königin Auguste Victoria, »die größte Kirchenerbauerin im deutschen Reich«, wie sie von Pfarrer Rebensburg in der Einweihungsfestschrift apostrophiert wurde, stiftete eine Bibel »mit wundervollem Beschlag in mattoxydiertem Silber und in herrlicher gothischer Zeichnung«, die sie »der Gemeinde als Festgabe zur Einweihung der Kirche huldvollst überreichen ließ«. Und damit alles stimmig ist, liegt vor dem Altar als Geschenk von Frau Theodor Deichmann ein Teppich in bester Smyrna-Qualität nach Zeichnung des Gemeindebaumeisters. Man versteht sich selbst zu feiern — dabei darf jedoch nicht vergessen werden, daß für soziale Aufgaben gleichzeitig noch erheblich höhere Summen gestiftet werden; Otto Andreae wird uns außerdem als Stifter der Gebäude des Kunstgewerbemuseums am Hansaring wiederbegegnen (s. S. 48).

Eine weitere evangelische Kirche entstand 1901–1906 am Wormser Platz mit der von den Architekten Johannes Vollmer und Heinrich Jassoy gewählten Blickachse Ubierring, ausgeführt von der Bauunternehmung Robert Perthel. In der Achse der Verlängerung des Ubierrings über die Merowingerstraße erhebt sich der Turm der Lutherkirche, dessen Helm sich, von einer Aussichtsplattform unterbrochen, zweimal zur Zwiebel auswölbt (Abb. 59). Diese Form nimmt die Linie der Giebelwände auf, die über den glatten Wänden des Baus über kreuzförmigem Grundriß einen variierenden lebendigen Abschluß zeigen. Frühe norddeutsche Renaissance wurde hier als Anregung aufgegriffen. War man sich bei der Wahl dieser Stilelemente noch bewußt, daß 1873 Wilhelm Lübke in seiner einflußreichen »Geschichte der Renaissance in Deutschland« diese Architektur als Zeichen im »Kampf gegen das geisterknechtende Rom« der frühen Reformation gedeutet hatte?

An den Diskussionen über die Standorte der Kirchen und im Vergleich zwischen Stübbens mit dem ersten Preis gekröntem Entwurf des Jahres 1881 (Vorsatzblatt) und seinem Plan des Jahres 1888 (Abb. 1) spürt man die bewußte Entwicklung und Durcharbeitung der Konzeption. Im fast schon endgültigen Zustand des Jahres 1888 wird der Halbkreis der Altstadt von zehn meist winklig gegeneinandergesetzten Straßenräumen, teils platzartig erweitert und als Anlage ausgestaltet, umgeben. Diese Ringstraße, der jede Biegung fehlt, wird von rechtwinklig, oft auch von schräg zu ihr verlaufenden Straßen geschnitten. Immer wieder neue Durchblicke eröffnen sich. Es entstehen Plätze, an denen eine Vielzahl von Straßen zusammentrifft. Mehrere Blickachsen werden mit hohen Kirchtürmen besetzt.

59   Lutherkirche am Wormser Platz. Foto um 1907

Architektur und Ausrichtung der Bauten nehmen darauf Rücksicht. Die Eckbauten der Straßenzeilen berücksichtigen ihre Lage ebenso, ohne den Einfluß von Preisgericht und Stadtbaukommission. Berühmtes Beispiel ist an der Einmündung der Limburger Straße in den Hohenzollernring die »Burg Canossa« des Architekten August Lange (1883–1885; Tafel 66–69), die ganz prosaisch eine Fahrradhandlung im Erdgeschoß und ein Geschäft für Damenkleidung darüber aufnimmt, nachdem zuerst der Kaufmann Carl Frantzen dort mit Blattgold, Silbermetall und Brokat gehandelt hatte. Das Prunkstück unter den Ecklösungen ist die Villa Sachsenring 88, Ecke Am Trutzenberg, Besitz des Rentners Gustav Walter. Er lebte davon, daß sich seine Dampfziegelei Klettenberg rentierte — offensichtlich bei dem hohen Bedarf an Ziegeln für die Neustadt nicht schlecht, denn er beauftragte den Architekten Otto Vohl mit einem imposanten Turm für sein Eckgrundstück (Tafel 93). Hier, am Sachsenring, hat Stübben die Bebauung zugleich mit den parkähnlichen Anlagen des Sachsenrings als den einzigen Villenkomplex am Ring konzipiert, hochherrschaftlich.

Als hochherrschaftlich galt die Ringstraße auch bei dichtgereihter Bebauung. Einigen bekannten Namen werden wir noch begegnen. Entsprechend dem Selbstgefühl der Eigentümer und Bewohner griff man neben der altbewährten Neugotik meist auf Elemente der deutschen, italienischen und französischen Renaissancearchitektur zurück (s. S. 21 ff.). Blühender Phantasie im grandiosen Stil des Malerfürsten Hans Makart, dessen Gemälde, bewußt dekorativ gehalten, keinen Anspruch auf historische Wahrheit erheben, war hier freies Spiel gewährt. Die Einzelelemente sind in Katalogen verfügbar, und oft beauftragt man neben dem Bauunternehmer zusätzlich einen Architekten, der daraus eine Fassade zusammensetzt. Musterbücher wie die »Beispiele für die Anwendung der Zier- und Specialeisen des Façoneisen-Walzwerks L. Mannstaedt & Co. Kalk bei Köln am Rhein« von 1893 (Abb. 60) bieten dem Architekten reiche Auswahl für sein Gespräch mit dem Bauherrn. Die Zulieferindustrie ist dank dem technischen Fortschritt des Industriezeitalters zu allem fähig, stellt jede historische Form in reicher Variation zur Verfügung. Statt Vorbildern, die die Musterbücher seit dem Mittelalter, die Vorlagen in Kupfer- und Stahlstich, im Holzschnitt schon seit dem 16. Jahrhundert bieten, werden nun direkt die Bauteile geliefert. Nicht anders als heute aber läßt sich jeder so industrialisierte oder durch Vorlagen (Abb. 61) geformte Bau im Bereich weniger Jahre datieren. Das »Auftreten selbständiger stilistischer Richtungen« – um wie

eingangs Karl Schellen zu zitieren – errichtet zwar Bauten »im Stile«, im Endeffekt aber immer Bauten der eigenen Zeit, Zeugen und Zeugnis der eigenen Gegenwart.

Bindet man sich für kirchliche Architektur an Vorbilder aus den großen Zeiten der Kirchengeschichte, an Spätantike, romanische oder gotische Architektur des Mittelalters, so wählt der reiche Bürger den Luxus französischer Schlößchen oder den Stolz der Palazzi italienischer Kaufherren, deren legendären Erfolgen man es gleichtun will. Glanzvolle Dekorationen für die Bühne eines Lebens, das sich mit historischen Versatzstücken des Erfolgs schmücken, sich darin wiedererkennen will. Das geschieht mit einem Charme und einer Selbstverständlichkeit, mit einer Perfektion der handwerklichen oder industriellen Fertigung, denen wir uns heute nicht mehr entziehen können. Während die Ringstraße bebaut wird, in der Generation der Jahrhundertwende, ist die Freude am Schatz bunter Formen, den die Vergangenheit zur Verfügung stellt, noch unbelastet. Erlaubt ist, was gefällt. So gibt der Bauunternehmer Heinrich Schierenberg für sein in Grund- und Aufriß selbst entworfenes Haus Theodor-Heuss-Ring 10 (Tafel 19), das er mit Reliefs aus dem Arbeitsleben des Bauunternehmers im späten Mittelalter

60   »Consolen zu beiden Seiten eines großen Portal-Ueberbaues«, Blatt 20 des Katalogs des Façoneisen-Walzwerks L. Mannstaedt & Co., Kalk bei Köln, 1893

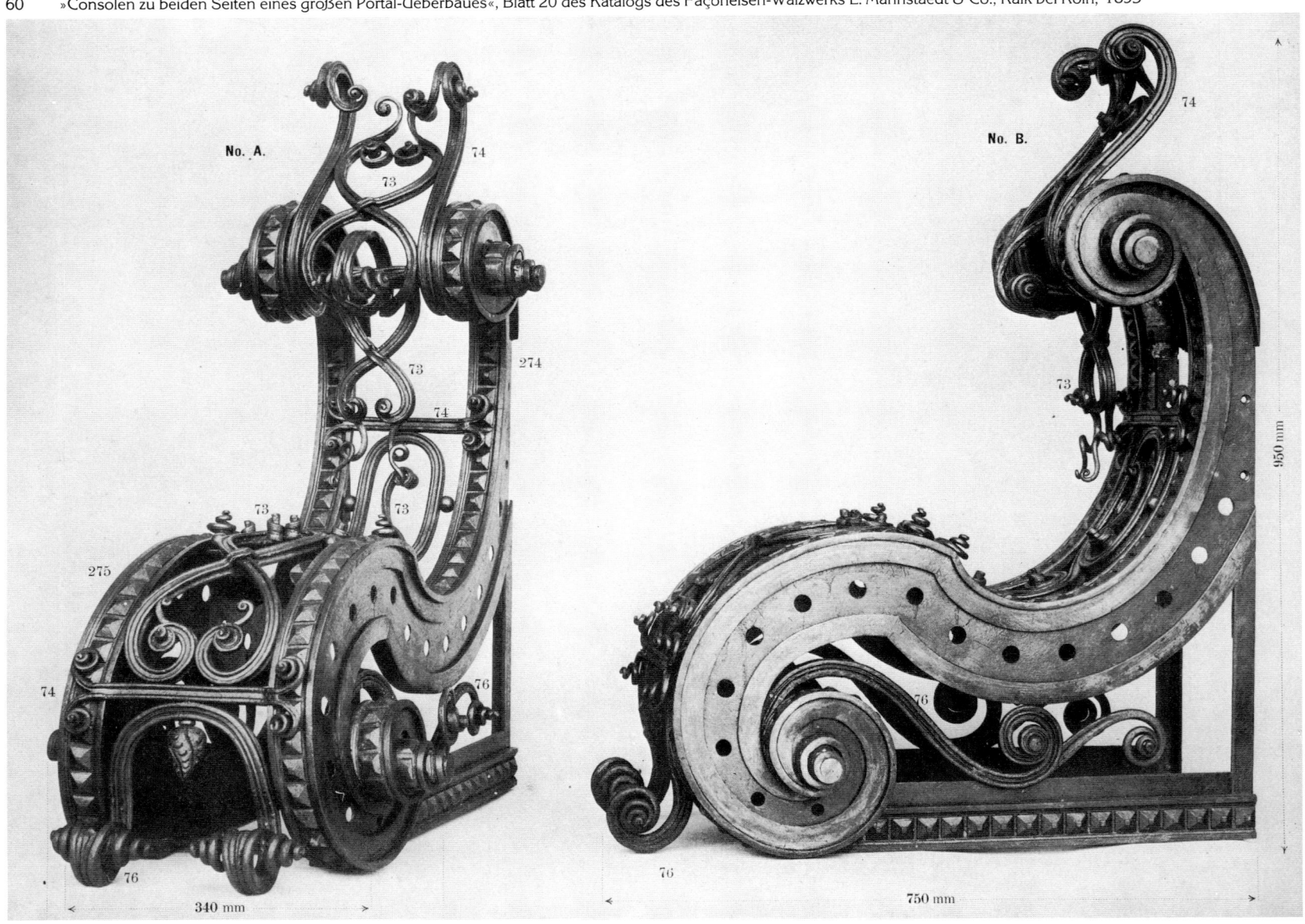

44

»Hermen, als Fensterpfosten etc. dienend«, Tafel 35 aus: Th. Krauth und F. S. Meyer, Das Steinhauerbuch, Bd. II, Leipzig 1896

schmücken läßt, beim Architekten Hermann Pflaume die Fassade in Auftrag. Der vereint späte Gotik und frühe Renaissance zu einem der schönsten bewahrten Bauten am Ring. Im altdeutschen Fleiß der spätmittelalterlichen Patrizier erkennt man sich wieder. Dagegen trägt das Mietshaus des Architekten Georg Eberlein am Hansaring 11 ein maurisches Gewand, das etwas Renaissance-Unterfutter blitzen läßt (Tafel 20).

Größere öffentliche Bauvorhaben stellten andere Ansprüche an die Architekten. Meist entschieden Wettbewerbe darüber, welche Entwürfe ausgeführt werden sollten, und bei dem Umfang des geforderten Raumprogramms reichte es nicht, das funktionsgerechte Haus mit einer mehr oder weniger gelungenen Fassade zu dekorieren. Die großen Bauten, die die Ausmaße von Palästen oder Schlössern erhielten, stellten sich mit strukturierten Baublöcken auch als Paläste dar. Bei der ersten großen Bauunternehmung, dem Hohenstaufenbad am Hohenstaufenring, verhielt sich die Stadtverordnetenversammlung noch vorsichtig, waren doch schon die Grundstücksverkäufe der ersten Jahre nach dem Beginn der Abbrucharbeiten an der Stadtmauer nicht so erfolgreich verlaufen, wie man erwartet

hatte. Sanitätsrat Dr. Eduard Lent und Stadtbaumeister Stübben (Abb. 62) ergriffen gemeinsam die Initiative für den Bau und gründeten eine Aktiengesellschaft. Erst als das Bad, am 1. Juli 1885 in Benutzung genommen, bereits im ersten Jahr 100 000 Bäder verkauft hatte, führte man es in städtischen Besitz über.

62   Josef Stübben (1845–1931) im Jahre 1892

63   Hohenstaufenbad, Blick ins Apodyterium

beiden Flügeln, auf der Damen- und Herrenseite eine fast gleiche – die geringeren Abweichungen erwähnen wir später –, und so genügt es, wenn wir uns den Herrenflügel genauer betrachten. In drei Abteilungen übereinander liegen im Souterrain 12 Wannenbäder II. Classe, eines davon für medizinische Bäder bestimmt; im erhöhten Parterre das Fürstenbad, hochelegant ausgestattet, mit grössrem Marmorbassin und den verschiedenen Duschen versehen, sowie vier Salonzellen, geräumig, luftig, sämmtlich mit Marmorwannen oder Wannen aus Mettlacher Platten hergestellt und gediegen ausgestattet; endlich in der ersten Etage die Bäder I. Classe mit neun Zellen, in denen zum Theil Fayencewannen, zum Theil Metallwannen angelegt sind.

Treten wir nun im erhöhten Parterre durch die den Corridor der Wannenbäder abschließende Flügelthür, so stehen wir unmittelbar vor einem grossen Fenster, das uns den Blick über das grosse Schwimmbassin für das männliche Geschlecht gestattet. Hier hört allerdings die gesetzte Ruhe, die in den anderen Abtheilungen des Bades herrscht, zum grössten Theil auf; die Jugend dominiert, und losgelassen frei, thut jeder sein Bestes, das sich uns bietende Bild zu einem lebendigen zu gestalten. Alt und jung tummelt sich um die Wette theils vor, theils hinter dem Seile, das für des Schwimmens Nichtkundige die Grenze markirt, bis zu der sie gefahrlos gehen können. Alle beherzigen die Aufforderungen, die in launigen Versen rechts und links von der wasserspendenden Grotte zu lesen sind:

> In ältester Vergangenheit
> Und sonderlich zur Römerzeit
> Hat schon der grübelnde Verstand
> Des Wassers Wohlthat anerkannt.
> Darum, du heutiges Geschlecht,
> Bekunde durch dein Baden recht,
> Dass der Verstand seit jener Frist
> Gewachsen, nicht geschwunden ist.«

Mit russischem Bad und römisch-irischem Bad, Dampfbad und Schwitzbad, Wannenbädern und Schwimmbädern war die Einrichtung bald so erfolgreich – verfügten doch nur 3 % der Wohnungen über Badezimmer –, daß man bereits 1902 die nächste Badeanstalt in der Fleischmengergasse einrichtete.

Die Pflege des Verstandes, auf die schon die zitierte Inschrift im Hohenstaufenbad anspielte, brachte weitere große Bauaufgaben mit sich. Am 21. März 1885 wurde der Grundstein für die Baugewerbeschule am Salierring gelegt; bereits im Herbst 1886 konnte der Bau bezogen werden (Tafel 90). Stadtbaumeister Hermann Weyer hatte für das trapezförmige Grundstück, das durch Trierer Straße und Pantaleonsmühlengasse begrenzt wird, einen schlichten Bau in deutscher Renaissance entworfen; der Glanz der deutschen Renaissance konnte nun als Vorbild für Lehrer und Schüler dienen. Für den Bau der Handelshochschule am Hansaring (Tafel 36) dagegen griff Stadtbaurath Friedrich Carl Heimann, der selbst am Hansaring 50 wohnte – zwei Häuser weiter –, spätgotische Formen auf. Gustav von Mevissen, einer der großen Männer der Kölner Wirtschaft und Förderer des geistigen Lebens, hatte bereits 1879 eine Summe

Der dreiflüglige Bau (Tafel 82 u. 83, Abb. 63) trug seine Schauseite zum Hohenstaufenring. Die barocke Gliederung der Fassade mit betontem Mittelbau und schmaleren Eckrisaliten mit Renaissancedetails war von Josef Stübben mit einer aufwendigen Dachlösung versehen worden. Die Bauausführung übernahmen die Architekten Alfred Müller und Richard de Voss. Lassen wir uns – gegen eine Gebühr von 50 Pfennig konnte man auch nur besichtigen – von Direktor Paul Schüler persönlich führen:

»Treten wir ein, um die Anstalt in ihrem Inneren näher zu besehen: Die Freitreppe führt uns in ein Vestibule, das, hoch, gediegen einfach, in allen seinen Maassen und Verhältnissen angenehm auf uns wirkt; gegenüber dem Eingange liegt die Cassa, zur Rechten dehnt sich der Flügel für die weiblichen, zur Linken der für die männlichen Besucher aus; zwischen beiden liegen im Souterrain Wirthschaftsräume, eine Waschküche, Mangelstube, Kesselhaus, Maschinenstube, noch weiter rückwärts, die Rückseite des Gebäudes begrenzend, das Volksbad; zwischen beiden Flügeln, im erhöhten Parterre das russische und römische Bad, in der ersten Etage die Wohnung des Direktors. Die Einteilung ist in von 100 000 Mark für die Gründung einer Handelshochschule gestiftet. Nach langen Diskussionen wurde dieser Ersatz für die seit der Franzosenzeit fehlende Universität am 1. Mai 1901 eröffnet. Die Fassade des 1898/99 errichteten Baus zierte man mit Standbildern von vier Repräsentanten des kölnischen Handels im 19. Jahrhundert: Friedrich Carl Heimann, Heinrich Merkens, Ludolf Camphausen und der inzwischen verstorbene Gustav von Mevissen selbst. An die Ecken des Baus traten Statuen der Colonia und der Hansa. Die Gründung war ein solcher Erfolg, daß bereits am 26. Oktober 1907 ein erheblich größerer Neubau zwischen Claudiusstraße und Rheinufer bezogen werden mußte. In seiner Nachbarschaft stand am Ubierring die 1902–1904 nach den Plänen Balduin Schillings als Barockschloß erbaute Maschinenbauschule. Über die Mainzer Straße hinweg schloß sich dann die von Hans Verbeek entworfene Gewerbeförderungsanstalt für die Rheinprovinz an (1907). Hier macht, wenn auch zurückhaltend und in leicht feierlichem Ton, der Jugendstil etwas Einfluß geltend (Abb. 3). Dagegen wird die von Martin Elsässer 1921–1924 entworfene Architektur der Kölner Werkschulen in strenger Backsteinmonumentalität mit expressionistischer Zier versehen. Ein Vorspiel zum Hansa-Hochhaus Jakob Koerfers, das 1924/25 entstand (Abb. 6).

Die weicheren, schwingenden Formen des Barocks verbanden sich an einem der prunkvollsten Bauten am Ring, dem Opernhaus von Carl Moritz (Tafel 74–77, Abb. 8, 11, 64–66), mit Einflüssen des Jugendstils. Aus zweimaligem Wettbewerb ging der in städtischen Diensten stehende Architekt Carl Moritz als Sieger hervor, verließ daraufhin ebendiese Dienste und wurde erfolgreich. Die Bürgerschaft nahm sich nach anfänglicher Kritik mit Begeisterung des Baus an, und seit 1905 wurden nach Bayreuther Vorbild sogar erfolgreich Festspiele durchgeführt. Die pompöse Eröffnung versammelte die Spitzen der Kölner Gesellschaft. Logen wurden vorher meistbietend verkauft. Mutter Antoinette von Guilleaume ließ sich, wie ihre Schwiegertochter Ella berichtet, die Proszeniumsloge als Treffpunkt der Familie immerhin 10 000 Mark kosten. Folgen wir diesmal zur Führung einem Band, den der Kölner Verkehrsverein im Jahre 1909 herausgegeben hat:

»Der äussere Aufbau zeigt klar seine innere Gestaltung: Vestibül, darüber das Foyer; Zuschauerhaus und Bühnenhaus sind leicht zu erkennen. An der Seite gegen die Aachenerstrasse liegt das auch vom Theater aus erreichbare Restaurant, an das sich mit Terrassen und Treppen ein Konzertgarten anschliesst. Die Fassaden sind grösstenteils in Haustein hergestellt und mit reichem plastischen Schmuck geziert. An den Gebäudeecken sehen wir Charaktermasken bekannter dramatischer Figuren, wie Medea, König Lear, Lohengrin usw. Musik und Mimik, denen das Haus geweiht, sind in den zwei Bronzegruppen an der Hauptfront dargestellt. Darüber stehen zwei Figurengruppen: Furcht und Mitleid. Das grosse Relief im Mittelgiebel zeigt Apollo als Gott der

64   Blick auf das Opernhaus. Foto um 1928

47

65   »Das neue Stadt-Theater am Habsburgerring« (Opernhaus), 1902

künstlerischen Begeisterung. Hoch über dem Bühnenhaus
schwebt kränzespendend der Genius des Beifalls.

Das Innere betritt man durch ein stattliches Kassenvesti-
bül, an das sich in übersichtlicher Anordnung die Eingänge
zum Parkett und zu den Treppenhäusern angliedern. Der
glänzendste Raum des Hauses ist das Foyer, das mit seinen
kräftigen, fein gegeneinander abgestimmten Tönen überaus
festlich wirkt. Der in den tiefblauen Himmel der Decke hin-
einragende Figurenkreis ist eine hochkünstlerische Schöp-
fung Sacha Schneiders und stellt die Geschichte der
Menschheit in grossen Zügen dar. Den Anfang macht die
Gestalt eines Greises der Urzeit, ihm folgen Herkules, Achil-
les, Alexander der Grosse, Julius Cäsar, Attila, Karl der
Grosse, die Philosophen der Renaissance, die trauernde und
triumphierende Germania. Zum Schluss deutet auf die
Zukunft eine unfertige verhüllte Figur. Vier Männergestalten
auf den Pfeilern der Innenwand vertreten die hebräische,
griechische, römische und altnordische Literatur. Vier Frau-
engestalten gegenüber versinnbildlichen die italienische,
deutsche, französische und englische Poesie. Die Ausschmückung des Zuschauerhauses ist in helleren Farben
gehalten, wodurch eine lichte und freundliche Wirkung
erzielt wird. Besonderes Interesse erwecken die Gemälde.
Das grosse Deckengemälde von Robert Seuffert zeigt, wie
Prometheus den göttlichen Funken der Kunst zur verlangen-
den Menschheit herabbringt. Auch von Seuffert gemalt ist im
Proseniumsbogen die thronende Kunst, umgeben von den
grössten Dichtern aller Zeiten. Die Rundbogen der Seiten-
wände sind von Karl Rickelt (München) mit vier Ideal-
Landschaften geschmückt. Der augenscheinlich ohne Rücksicht auf den Raum entstandene, von Ferdinand Wagner
gemalte Vorhang zeigt die bekanntesten Opern- und Dra-
menfiguren. Das Zuschauerhaus enthält 1806 numerierte
Plätze.

Die allen Anforderungen der neuen Bühnentechnik ent-
sprechende Bühne ist mit reichlichen Nebenräumen aller Art
ausgestattet. Die technische Bühnen-Einrichtung ist ein treff-
liches Werk des Obermaschinenmeisters Rosenberg zu Köln.
Das Theater mit einer Grundfläche von 5950 qm ist der
grösste Theaterbau Deutschlands und erforderte eine Bausumme von Mark 3 358 000.–.«

Die Nacktheit Apolls im Mittelgiebel hatte allerdings Empörung
ausgelöst, einige Damen der Gesellschaft gar erschreckt.
Schließlich meinte man, eine solche Darstellung möge zwar
den klimatischen Verhältnissen Griechenlands entsprechen,
nicht aber denen Kölns ...

Zum 25jährigen Jubiläum bittet man in einer kleinen Festschrift auch Carl Moritz noch einmal um ein Wort zu dem Bau,
mit dem seine Karriere begann. Aus seinen knappen Worten
spricht eine nun, 1927, gewandelte Vorstellung von Architektur:
»Gewiß, wenn ich heute das Theater zu bauen hätte, würde es
ein etwas anderes Kleid erhalten. Aber ich stelle doch mit
Genugtuung fest, daß der Bau in seinem Wesenskern, in dem
Spiel seiner Maßen und Linien, sich gehalten hat und halten
wird. Ich habe absichtlich von Kleid gesprochen; das sind
zeitbedingte Einzelheiten, die mit dem inneren Wert des Bau-
werks wenig zu tun haben ...«

Einer ganzen Reihe von Museen sind wir bereits in den Torburgen der mittelalterlichen Stadtmauer begegnet. Sie sind die
zweite große Bauaufgabe der Jahrhundertwende an den Ringen. Das Problem der Finanzierung eines Neubaus für das
1888 gegründete Kunstgewerbemuseum löste sich mit einem
am Heiligen Abend des Jahres 1895 vom Geheimen Kommerzienrat Otto Andreae an Oberbürgermeister Becker geschriebe-
nen Brief. Otto Andreae, der sich am Kaiser-Wilhelm-Ring 21
niedergelassen hatte, gewann sein Vermögen mit Textilfabrika-

CÖLN a·· Rh·
STADTHEATER

66   Details der
      Entwürfe von
      Carl Moritz für
      das Opern-
      haus

tion in Mülheim. Dorthin war sein Vorfahr Christoph Andreae 1714 als Protestant aus dem katholischen Köln gezogen, dort hatte er die Grundlage des Vermögens gelegt. 400 000 Mark stellte Otto Andreae für den Museumsbau zur Verfügung. Franz Brantzky gewann im Wettbewerb für den Bau am Hansaplatz zwar nur den zweiten Preis, trotzdem wurde – ein Erfolg für den jungen Architekten – sein Bau ausgeführt (Tafel 35, Abb. 13). Die Museumsräume wurden um einen Lichthof gruppiert, die gewählte spätgotische Architektur mit Renaissanceanklängen nahm in den kleinen Ecktürmchen auch Kölner Vorbilder auf.

Otto Andreae hatte mit seiner Stiftung die Überlegungen des Kölner Möbelfabrikanten Jakob Pallenberg durchkreuzt. Dieser entschied sich nun, »um mein warmes Interesse an dem Wachstum der kunstgewerblichen Bestrebungen der Stadt nicht unbekundet zu lassen, die innere Ausschmückung und vollständige Einrichtung eines Saales in diesem Gebäude auf meine Kosten zu übernehmen, durch dessen Decorationsweise die Leistungen der Kunstgewerbe-Treibenden der verschiedensten Gebiete zur Anschauung gebracht werden sollen«. Die Entwürfe dafür gab Pallenberg bei Melchior Lechter in Auftrag, dessen Saalausstattung auf der Weltausstellung des Jahres 1900 einen Grand Prix erhielt. Melchior Lechters mystische Stimmungsdekoration aus gotischen Reminiszenzen, Wagner, Nietzsche und fabrikmäßig erstelltem Kunstgewerbe wurde mit Farbfenstern und dem Gemälde »Die Weihe am mystischen Quell«, das einen Dichter mit den Zügen Stefan Georges im heiligen Haine vor der göttlichen Muse kniend zeigt, zum Weiheraum ergänzt (Abb. 67). Bis auf einen Fensterflügel ist die Ausstattung des Saals im zweiten Weltkrieg zerstört worden.

Reich mit Wappen und Symbolen geschmückt – über dem Eingang waren überlebensgroß Albrecht Dürer und Hans Holbein aufgestellt, »die Vertreter der weltlichen Kunst beim Ausgang des Mittelalters« –, auch im Innern mit reicher Architektur gestaltet, wirkte der Bau auf die Nachbarn ruhestörend, wie der Stadt-Anzeiger vom 21. Februar des Jahres 1900 vermeldet: »Das Gebäude hat nämlich 7 oder 8 Wetterfahnen; diese knarren und kreischen bei jedem Windhauch und machen

67   Der Pallenberg-Saal im Kunstgewerbemuseum am Hansaring

einen derartigen Spectakel, daß eine Katzenmusik ein Ohrenschmaus dagegen genannt werden muß … «

Gegen erheblichen Widerstand gelang es Franz Brantzky 1908, auch den Auftrag für das an das Kunstgewerbemuseum anschließende Schnütgenmuseum zu erhalten, dem dann noch 1912/13 der Neubau des Museums für Ostasiatische Kunst folgte. Der gesamte, auch architektonisch bedeutende Museumskomplex ist nach den Kriegszerstörungen nicht wieder aufgebaut worden. Entlang der Ringstraße hatte im Süden mit dem Rautenstrauch-Joest-Museum für Völkerkunde noch ein weiterer Bau die Museumslandschaft bereichert; mit Torburgen und Neubauten war der Ring fast zur Museumsstraße geraten. Die Schenkung der umfangreichen und bedeutenden Sammlungen von Wilhelm Joest hatte am Ubierring durch die Stiftung eines Baus durch Kommerzienrat Eugen Rautenstrauch das erforderliche Domizil erhalten (Abb. 2). Am 12. November 1906 konnte das in schlichten, klassizistischen Formen gehaltene Gebäude bezogen werden. Aufsehenerregend war, daß täglich von zwölf bis ein Uhr »phonographische Vorführungen von Musikstücken aussereuropäischer Völker« zu Gehör gebracht wurden, wie der Führer »Köln am Rhein« im Jahre 1909 berichtet.

Neben den Bedürfnissen nach mehr Schulen, nach Sauberkeit, nach Bildung mit Museen und Opernhaus, nach Restauration mit einem ersten 1883 am Ring eröffneten Café hatte man mühsam seit der Mitte des 19. Jahrhunderts auch ein vorwiegend männliches Bedürfnis in den Griff zu bekommen versucht. Man errichtete 1856 das erste Pissoir am Waidmarkt, nachdem zuvor die »Erlassung einer Polizeivorschrift gegen das Urinieren auf öffentlichen Strassen und Plätzen« diskutiert worden war. Dabei war das Oberbürgermeisteramt, wie im Jahre 1898 Stadtbauinspector Friedrich Gerlach berichtet, der Meinung, es »wären viele Pissoirs in einer Stadt eher als ein Übelstand zu betrachten; sie privilegierten das Männergeschlecht in der Gleichgültigkeit, sein Bedürfnis zu befriedigen, wo immer es sei, während es ebensogut, wie die Frauen, in sittsamer Weise im Hause dafür sorgen könne. Hier namentlich verdiene der Unfug, sich überall zur Verrichtung seiner Notdurft hinzustellen, eines verschärften Entgegentretens«. Trotzdem beobachtet Gerlach ein stetes Anwachsen der Zahl eingerichteter Möglichkeiten – und damit einen Fortschritt im Prozeß der Zivilisation, wie ihn Norbert Elias für diese Jahrzehnte auch im Unterdrücken des Spuckens notiert hat. Dort geht mit dem Aufstellen von Spucknäpfen ein vergleichbarer Schritt dem völligen Tabuisieren des Vorgangs in der Öffentlichkeit voraus. Bei den Bedürfnisanstalten ist der nächste Verdrängungsschritt die Unterbringung im Untergrund. Aber so weit ist es um die Jahrhundertwende noch nicht. Noch rühmt man sich des öffentlich sichtbaren Fortschritts: »Im Jahre 1883 wurden auch in der Neustadt die ersten Pissoirs errichtet, und zwar je eine sechsständige Anlage am Rudolfplatz umd am Friesenplatz, die von den Firmen Kullmann & Lina und Carlshütte in Delligsen geliefert wurden. Die unschönen einständigen Pissoirs gingen immer mehr ein, und es entstand eine ganze Reihe von frei stehenden sechs- und siebenständigen Pissoiranlagen in der

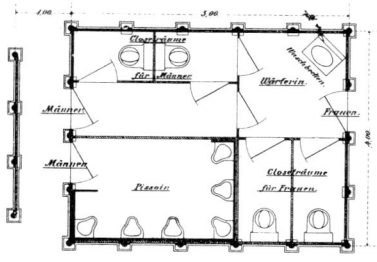

68 Ansicht und Grundriß der Bedürfnisanstalt am Deutschen Ring

Alt- und Neustadt, so am Hansaplatz, Chlodwigplatz, Sachsenring [Tafel 94], die zum grössten Teil mit kleineren Gartenanlagen umgeben wurden.« Höhepunkt der Entwicklung und der zunehmenden Gleichberechtigung war dann die Einrichtung einer der ersten Bedürfnisanstalten für Frauen und Männer mit vier »Closets« und einem Pissoirraum mit sechs Ständen in den Anlagen am Deutschen Ring – »ein wichtiges Ereignis in der Geschichte der Kölner Bedürfnisanstalten« (Abb. 68).

Die Gebühr für die Benutzung der Closets war auf 10 Pfennig festgesetzt. Das entspricht genau dem Preis, der an einer der ebenfalls an den Ringen eingerichteten Trinkhallen für ein Glas Limonade zu entrichten war. Ein Glas Wasser ohne Fruchtsaft kostete die Hälfte. Trinkhallen begegnen uns auf einigen der Tafeln wieder (Tafel 58, 72, 94), und »da sie fast alle in recht gefälliger Holzarchitektur mit hohen, zierlichen Dächern, schmucken Aufbauten und Firstbekrönungen errichtet sind, so tragen sie in vielen Fällen zur Verschönerung des Straßenbildes bei«. An einer solchen beiläufigen Bemerkung unseres geschätzten Stadtbauinspectors Gerlach kann uns noch einmal bewußt werden, daß die Ringe ein geschlossenes Ensemble waren. Von der Pflasterung der Straße über die Bepflanzung der Anlagen zu den Wohnhäusern, Villen, Museen und Kirchen, den Denkmälern und der gesamten Konzeption sind diese Bilder der Ringe Ausdruck ihrer Zeit, das neue Kleid einer neuen Zeit.

Das Kleid ist jedoch nicht einheitlich angelegt. Man baut zur gleichen Zeit in verschiedenen Stilen nach dem gleichen Geschmack, man baut später, den Geschmack langsam wandelnd, unter dem Einfluß von Jugendstil und Expressionismus. Einen fast ironischen Abschluß der Architekturentwicklung am

69 Kölnischer Kunstverein am Friesenplatz, Radierung von Paul Prött, um 1924

Ring bietet 1921/22 der Kölnische Kunstverein mit dem Bau seines Domizils am Friesenplatz (Abb. 69). Die Front eines ionischen Tempels dient als Eingangszeremoniell. »Klein-Paestum« galt als einer der besten Ausstellungsräume Kölns, und weshalb der Architekt Ludwig Paffenholz, Vorstandsmitglied des Kunstvereins und auch Erbauer des Gestüts Roettgen für das Haus Mülhens, den Eingang so gestaltete, blieb ungeklärt. Davor wurde die Amazone Franz von Stucks aufgestellt, deren Erwerb durch die Stadt Köln Victor Schnitzler veranlaßt hatte. Während des Krieges ausgelagert, ist sie nach dem Kriegsende Schrottdieben in die Finger gefallen.

Der das Land der Griechen mit der Seele suchende Bau des Kunstvereins läßt im Vergleich die grundsätzlich andere Art erkennen, mit der im Historismus mit den Stilen der Vergangenheit umgegangen wurde. Meint man hier tatsächlich ein Tempelchen vor sich zu sehen, so glaubte man bei keinem der Bauten am Ring, einen Bau des Mittelalters, der Renaissance oder des Barocks vor sich zu haben. Immer war das Zeitgenössische erkennbar. Der Zeitgenosse des Tempels am Friesenplatz ist aber Martin Elsässers Bau der Kölner Werkschulen am Übierring in expressionistischer Architektur.

Der rasche Wandel, der bereits die Jahrzehnte vor dem ersten Weltkrieg prägt, wird nach dem Krieg auf vielen Gebieten zur Revolution. Noch stehen die Bauten der Gründerzeit der Ringe, noch leben viele der Bewohner und Besitzer der ersten Generation. Aber längst beginnen die Ringe ihren Charakter zu wandeln, werden Geschäftsstraße. Und die ersten Häuser werden abgerissen, um Verwaltungsbauten Platz zu machen (s. S. 15 ff.). Alteingesessene Anwohner des Ringes werden zur Attraktion: »Da stauten sich in früheren Zeiten so um die Mittagsstunde vor ihrem schönen großen Hause am Hohenstaufenring die Menschen, und wenn man einen Schutzmann erwischen konnte und ihn oder auf der Elektrischen den Schaffner fragte, was denn eigentlich los wäre, ob es einen Krawall gäbe oder einen Zusammenstoß, so wurde einem ziemlich von oben herab geantwortet, als ob man das wissen müßte: ›De reiche Frau Oelbermann jeht aus.‹ Das war damals ein Ereignis. Denn einmal war der Reichtum der Frau Oelbermann für die guten Kölner geradezu legendär, dann aber hatte sie, und wie man mit einem gewissen Standpunkt, nämlich dem Standpunkt der Natürlichkeit, durchaus mit Recht sagen konnte, auch das Bedürfnis, diesen Reichtum sichtbar zu machen. Sie hatte unbestritten den schönsten und reichsten Schmuck Kölns, und bei jedem ihrer Ausgänge, die immer um die Mittagszeit erfolgten, trug sie sehr viel davon, was stets kritiklos anerkannt wurde.« Als der Kölner Journalist H. v. Wedderkop dies 1929 notierte, stand die Inneneinrichtung des Hauses, das Hermann Pflaume 1889/90 für Emil Oelbermann und seine Frau Laura am Hohenstaufenring 57 erbaut hatte (Abb. 24), bereits im Auktionshaus Lempertz (Abb. 70–72). Der zurückhaltende Bau im Stil des Klassizismus, dessen Festsaal antikischen Prunk ausbreitete (Abb. 70), wurde im Jahr darauf zu einem Heim für berufstätige Frauen und Mädchen umgebaut. In den Jahrzehnten zuvor hatte Frau Oelbermann nach dem Tode ihres Mannes Emil im Jahre 1897 bereits 150 000 Mark für

70 Oelbermann-
Villa, Hohenstau-
fenring 57,
Festsaal

71   Oelbermann-Villa, Hohenstaufenring 57, Salon und Galerie

ein evangelisches Krankenhaus gestiftet, ein Säuglingsheim gegründet und sich noch an vielen anderen Stellen wohltätig betätigt. Der Blick in die 1929 versteigerten Inneneinrichtungen zeigt, mit welcher Liebe Reichtum und Sammelleidenschaft den staunenden Besuchern gezeigt wurden.

Mit einem anderen Versteigerungskatalog können wir einen Blick auf Consul Hans Carl Leidens Waffensammlung und in die damit dekorierte Halle werfen (Abb. 73). Der Consul führte die traditionsreiche Weingroßhandlung Damian Leiden und den Vorsitz im Aufsichtsrat verschiedener Versicherungen. Wenige Häuser weiter, Sachsenring 91–93, ließ sich Louis Hagen 1903–1905 seine Villa von Eugen Fabricius errichten (Abb. 74). Barocke Reminiszenzen und klassizistische Haltung verbinden sich mit ersten Einflüssen des Jugendstils zu einem Erscheinungsbild, das uns an das gleichzeitige Opernhaus oder an das wenige Jahre später vollendete Rautenstrauch-Joest-Museum am Ubierring erinnert. Nach der kühlen Marmorpracht des Entrees (Abb. 75) entwickeln sich in den Räumen ebenso gründerzeitliches Selbstbewußtsein (Abb. 76) des Bankiers mit

dem damaligen Rekord von 63 Aufsichtsratssitzen wie klassizistische Festlichkeit (Abb. 77 u. 78) oder schlichte Gemütlichkeit (Abb. 79). Der Geheime Kommerzienrat und Bankier war für Jahrzehnte eine der großen Gestalten des Kölner Wirtschaftslebens, Präsident der Kölner Handelskammer und Freund wie Berater Konrad Adenauers bis zu seinem Tode 1932.

Viele Namen könnte man noch nennen. Ein Blick in die Liste der Bewohner der Ringe im Jahre 1900 zeigt, welche Versammlung klingender Kölner Namen, sei es Otto Andreae oder sein Schwiegersohn Victor Schnitzler – das Zentrum des Kölner Musiklebens, Kaiser-Wilhelm-Ring 19 (Abb. 80) und 21 – die Ringe bieten. Andere, wie Arnold von Guilleaume, einer der großen Fabrikanten und Unternehmer Kölns, ziehen erst später an die Ringe. Seine Frau Ella, geb. Deichmann, berichtet, nachdem Franz Brantzkys Entwurf zwar eine malerische Fassade zugestanden, aber dem Architekten nicht das Innere eines Hauses zugetraut wird: »Nun beauftragten wir im Wettbewerb fünf Kölner Architekten, um Pläne für das Haus zu erhalten, alle

72   Oelbermann-Villa, Hohenstaufenring 57, Salon

mußten wir als künstlerisch ungenügend verwerfen. Wir wollten doch etwas Mustergültiges schaffen. Die vielen häßlichen, mißverstandenen Zement-Renaissance-Bauten, die nach der Stadterweiterung am Ring zwischen 1880 und 1898 entstanden waren, mißfielen uns so sehr, daß endlich mal ein Haus erstehen sollte, das der Vaterstadt zur Ehre gereichen würde.« Schließlich traf man auf den Geheimen Oberhofbaurat Ernst Eberhard von Ihne, favorisierter Architekt Seiner Majestät des Kaisers, dem das Bauvorhaben anvertraut wurde. Sein Bau am Sachsenring 73 mit glatt gespannten Mauerflächen und altdeutschem Fachwerk bietet anspruchsvolle Architektur (Abb. 81), aber aufschlußreicher ist Ellas Äußerung über die bisherigen Bauten am Ring, um zu spüren, wie rasch auch hier im Bauen »im Stile« – Ihne nimmt den der Frührenaissance –, die Moden wechseln und das Gestrige der Verurteilung anheimfällt.

Alle waren Zeitgenossen der Vorzeichen des Umbruchs, Vorzeichen der Verwüstung, der Zerstörung des Rings. Jimmy Ernst, der erste Jugendjahre in der Wohnung seiner Mutter Dr.

Luise Ernst in der dritten Etage des Hauses Kaiser-Wilhelm-Ring 14 verlebte, berichtet in seinen Erinnerungen an seinen Vater Max Ernst von einem der warnenden Vorzeichen am Ring. Eines Sonntags im Jahre 1928 wurden am Hause Hohenzollernring 81, in dem Richard Schaller, Installateur und zukünftiger stellvertretender Gauleiter, eine Buchhandlung führte, Transparente und Fahnen angebracht (Abb. 83): »Hier war das erste Nazi-Hauptquartier, ein ›Braunes Haus‹, wie sie es nannten. Es war kein guter Tag, jener Sonntag. Wir kehrten schnell um und gingen wieder nach Hause. Unser Vermieter, der Zahnarzt, der kein Geheimnis daraus machte, daß er uns mit Freuden ausziehen sähe, begrüßte uns an der Tür, grinsende Goldzähne im mensurzerhackten Gesicht: ›Fabelhaft, wunderbar ... nicht wahr?‹« – Lou Ernst ist erschreckt, beginnt zu telefonieren, und Oberbürgermeister Konrad Adenauer sorgt dafür, daß der infame Schmuck des Hauses noch am gleichen Abend verschwindet. Aber den Köbesrennen (Abb. 82) auf dem Ring folgt bald marschierende SA (Abb. 84). Ein halbes Jahrhundert glanzvoller Entwicklung am Ring geht zu Ende.

73   Villa Leiden, Sachsenring 63–67, Waffensaal

74   Villa Louis Hagen, Sachsenring 91–93, von Eugen Fabricius

75   Villa Louis Hagen, Sachsenring 91–93, Eingangsbereich

76   Villa Louis Hagen, Sachsenring 91–93, Arbeitszimmer Louis Hagen, 1934

77   Villa Louis Hagen, Sachsenring 91–93, kleiner Salon, 1934

78 Villa Louis Hagen,
Sachsenring 91–93,
Speisesaal

79 Villa Louis Hagen,
Sachsenring 91–93,
Damenzimmer

80   Villa Victor Schnitzler, Kaiser-Wilhelm-Ring 19, Eßzimmer

81   Villa Arnold von Guilleaume, Sachsenring 73

82   Köbesrennen auf dem Ring. Foto um 1932

83   Hohenzollernring 81 im Jahre 1928

84   Gauparteitag 1935

Literatur

Architekten- und Ingenieur-Verein für Niederrhein und Westfalen (Hrsg.): *Cölner Thorburgen und Befestigungen 1180–1882,* Köln 1883

ders.: *Köln und seine Bauten,* Köln 1888

Bentmann, R. v., M. Müller: *Die Villa als Herrschaftsarchitektur,* Frankfurt ²1979

Bund Deutscher Architekten B.D.A. (Hrsg.): *Werke der Ortsgruppe Cöln 1906,* Berlin o.J.

Claßen, M., u. M. Vorfeld: *Architektur der 50er Jahre in Köln,* Köln 1986

Eckert, Chr.: *J.H. Stein. Werden und Wesen eines Kölner Bankhauses in 150 Jahren, o. O. o. J. [Köln 1941]*

Ernst, J.: *Nicht gerade ein Stilleben. Erinnerungen an meinen Vater Max Ernst,* Köln 1985

Feldenkirchen, T.: *Über den Kölnischen Kunstverein und Anderes,* Köln 1978

Gerlach, F.: *Die öffentlichen Bedürfnisanstalten.* In: E. Lent (Hrsg.): Köln in hygienischer Beziehung, Köln 1898, S. 84–91

Guilleaume, A.: *Geschichte und Entwicklung der Firma Felten & Guilleaume Cöln,* Köln 1904

Guilleaume, E. v.: *Erinnerungen,* Eitorf 1967

Kellenbenz, H.: *Louis Hagen (1855–1932).* In: Rheinisch-Westfälische Wirtschaftsbiographien Bd. 10, Münster 1974, S. 138–193

Kier, Hiltrud: *Bürgerbauten der Gründerzeit in der Kölner Neustadt,* Köln 1973

Kier, Hiltrud: *Die Kölner Neustadt.* Landeskonservator Rheinland. Arbeitsheft 8. Köln 1973

Kier, Hiltrud: *Die Kölner Neustadt, Planung, Entstehung, Nutzung.* Beiträge zu den Bau- und Kunstdenkmälern im Rheinland, Bd. 23, Düsseldorf 1978

Kier, Hiltrud: *Wohnhäuser in Köln in der zweiten Hälfte des 19. Jahrhunderts.* In: Kunst des 19. Jahrhunderts im Rheinland, hrsg. v. Eduard Trier und Willy Weyres, Bd. 2, S. 413–463, Düsseldorf 1980

Kipper, H.: *Festschrift zur Eröffnung des neuen Stadt-Theaters zu Cöln,* Köln 1902

Klemmer, K.: *Jacob Koerfer (1875–1930). Ein Architekt zwischen Tradition und Moderne,* München 1987

Klinkenberg, J.: *Köln a. Rh. und seine Kirchen,* Köln 1907

Kölner Verkehrsverein e. V. (Hrsg.): *Führer durch Köln am Rhein,* Köln o.J. [1914]

ders.: *Köln am Rhein,* Köln o.J. [1909]

Kölnisches Stadtmuseum (Hrsg.): *Jakob und Wilhelm Scheiner, Bilder zur Kölner Stadtentwicklung zwischen 1872 und 1922,* Köln 1978 (Katalog)

Krause, J.: *Melchior Lechters Pallenberg-Saal für das Kölner Kunstgewerbemuseum – ein Kultraum der Jahrhundertwende im Zeichen Nietzsches und Georges.* In: Wallraf-Richartz-Jahrbuch 45 (1985), S. 203–230

Lempertz-Katalog 294: *Innen-Einrichtung des Hauses Frau Laura von Oelbermann, Köln, Hohenstaufenring 57,* Köln 1929

Lempertz-Katalog 364: *Waffensammlung Konsul a.D. Hans C. Leiden, Köln,* Köln 1934

Lennartz, A. M.: *Architekt Eduard Endler 1860–1932,* Aachen 1984

Ludwigs, H. M.: *Kardinal Erzbischof Dr. Paulus Melchers und die St. Paulus-Kirche in Köln,* Köln 1909

Menne-Thomé, K.: *Franz Brantzky 1871–1945. Ein Kölner Architekt in seiner Zeit,* Köln 1980

Milde, K.: *Neorenaissance in der deutschen Architektur des 19. Jahrhunderts,* Dresden 1981

Parent, Th.: *Die Hohenzollern in Köln,* Köln 1981

Pieck, J.: *Aus der Geschichte der Herz-Jesu-Pfarre,* Köln 1927

Rebensburg, A. H.: *Festschrift zur Einweihung der evangelischen Christuskirche in Köln a. Rh. am 1. Adventssonntage den 2. Dezember 1894,* Köln 1894

Romberg, F.: *Ein Vierteljahrhundert staatlicher und städtischer Fürsorge für die gewerbliche Ausbildung,* Köln 1904

Sattler, B.: *Adolf von Hildebrand und seine Welt,* München 1962

Scharf, H.: *Kleine Kunstgeschichte des deutschen Denkmals,* Darmstadt 1984

Schäfke, W.: *Das Ratssilber der Stadt Köln,* Köln 1980

Schnitzler, V.: *Erinnerungen aus meinem Leben,* Köln 1921

Schüler, P.: *Das Hohenstaufenbad.* In: Lent, E. (Hrsg.): Festschrift 61. Versammlung dt. Naturforscher und Aerzte, Köln 1888, S. 486–495

Simchowitz, S.: *25 Jahre Kölner Opernhaus 1902–1927,* Köln 1927

Steuer, H.: *Ein Reiterdenkmal und seine Enthüllung. Zum ehemaligen Denkmal Kaiser Wilhelms I. in Köln.* In: Museen der Stadt Köln, Bulletin 1982, S. 26–30

Stübben, J.: *Das Badewesen in alter und neuer Zeit mit besonderer Beziehung auf das in Köln zu errichtende Hohenstaufenbad,* Köln 1883

Volk, P.: *Das Kunstgewerbemuseum der Stadt Köln,* Köln 1971

Wedderkop, H. v.: *Das Buch von Köln,* München 1929

Fotonachweis

Tafelteil

2   Wilhelm Scheiner: Stadtmauer am Türmchenswall, Stadtseite (Situation von 1887), 1890, Aquarell, 38,1 × 51,3 cm, Kölnisches Stadtmuseum

3   Jakob Scheiner: Abbruch der Stadtmauer am Türmchenswall (10. April 1889), 1891, Aquarell, 44,4 × 58,6 cm, Kölnisches Stadtmuseum

6   Jakob Scheiner: Köln 1886, Vogelschauansicht von Südwesten, 1886, Aquarell, 107 × 208 cm, Kölnisches Stadtmuseum

J. Scheiner.
Deutz, 1895.

1   Jakob Scheiner: Severinstor, Feldseite, 1877, Aquarell, 61,1 × 46,7 cm, Kölnisches Stadtmuseum

4   Jakob Scheiner: Weyertor, Feldseite, 1878/79, Aquarell, 48,8 × 65,2 cm, Kölnisches Stadtmuseum

5   Jakob oder Wilhelm Scheiner: Pantaleonstor, um 1890, Aquarell, 53,4 × 71,2 cm, Kölnisches Stadtmuseum

7   Jakob Scheiner: Köln 1896, Vogelschauansicht von Südwesten, 1896, Aquarell, 107 × 208 cm, Kölnisches Stadtmuseum

Cöln, Deutscher-Ring.

8–13 Kölner Postkarten, um die Jahrhundertwende

Kaiser Wilhelm Ring.

GRUSS aus Köln a/Rh.

No. 10

Denkmal Kaiser Wilhelm I.

9

Cöln, Kaiser-Wilhelm-Ring.

10

11

12

13

14   Wettbewerbsentwurf von Ludwig Arntz, 1880

Älaaf!

Profil a–b.

Strom

L. Arntz
1. 8. 1880

15–18 Entwürfe für die Decken- und Wanddekorationen der Villa Raoul Stein (Kaiser-Wilhelm-Ring 23) von Heinrich Band 1887/88. Raoul Stein war
Teilhaber des Bankhauses Stein. (Vgl. auch Tafel 42)

16

17

19 Theodor-Heuss-Ring 10 (ehemals Deutscher Ring) (1894/95 von Heinrich Schierenberg, Fassaden-entwurf von Hermann Pflaume)

20   Hansaring 11 (1887/88 von Georg Eberlein)

21   Sachsenring 30 (1886/
      87 von Adolf Nöcker)

22   Karolingerring 34, Holzdecke (um 1890)

23   Sachsenring 30, Kamin (1886/87)    24   Hansaring 12, Treppenhaus (1886/87)

25 Hansaring 3, Deckengemälde (1887/88)

Kaiser-Friedrich-Ufer (heute Konrad-Adenauer-Ufer), Denkmal für Kaiser Friedrich III. (1903 von Peter Breuer)

27   Enthüllung des Denkmals für Kaiser Friedrich III. am 1. Oktober 1903

28   Deutscher Ring (heute Ebertplatz), Blick nach Osten. Foto 1899

29   Deutscher Ring (heute Ebertplatz), Blick nach Westen. Foto 1899

30   Deutscher Ring 26 (heute Theodor-Heuss-Ring). Foto um 1925

31   Deutscher Ring (heute Ebertplatz); im Hintergrund das Eigelsteintor. Foto um 1903

32   Hansaring. Foto um 1890

33   Hansaring. Von links: Nr. 1–17 (1887/88). Foto um 1888

H. R.
1891.

34   Hansaring 20/Villa Von-Werth-Straße 59 (1886/87 von Jacobs & Wehling). Foto 1891

35   Hansaplatz, Kunstgewerbemuseum (1897–1900 von Franz Brantzky); rechts das Schnütgenmuseum (1908–1910 von Franz Brantzky). Foto um 1910

36   Hansaring 54–58, Handelshochschule (1898/99 von F. C. Heimann). Foto um 1900

37   Kaiser-Wilhelm-Ring, Einweihung des Denkmals Kaiser
     Wilhelms I. am 18. Juni 1897

38 Kaiser-Wilhelm-Ring, Einweihung des Kaiserin-Augusta-Denkmals am 1. Oktober 1903 (1899–1903 von Franz Dorrenbach und Heinrich Stockmann)

39 Kaiser-Wilhelm-Ring. Foto 1905

40   Kaiser-Wilhelm-Ring, Kaiser-Wilhelm-Denkmal (1891–1897 von Richard Anders). Foto um 1900

41   Kaiser-Wilhelm-Ring. Von rechts: Nr. 24–40 (1884–1888). Foto um 1890

42   Kaiser-Wilhelm-Ring/Ecke Goebenstraße, Villa Raoul Stein, heute Sitz der Gothaer Versicherungsbank

43   Kaiser-Wilhelm-Ring 3,5 (1885–1887 von Heinrich Wiethase und W. Gärtner)/Ecke Herwarthstraße. Foto 1887

44   Herwarthstraße, Christuskirche. Karte um 1909

45   Christuskirche

46   Kaiser-Wilhelm-Ring. Von rechts: Nr. 20–26 (1886–1888); Nr. 22 und 24 von Jean Schmitz. Foto 1891

47   Kaiser-Wilhelm-Ring 50–44 (1884–1890); Nr. 48 von Bernhard C. Nepker. Foto 1890

Kaiser-Wilhelm-Ring. Foto 1885

49   Kaiser-Wilhelm-Ring. Foto 1886

50   Kaiser-Wilhelm-Ring. Foto 1907

51   Kaiser-Wilhelm-Ring. Karte um 1910

52   Bismarckstraße 20–2 (1887–1903); links die Werderstraße. Foto um 1903

53   Bismarckstraße 7, Residenztheater (1901). Foto 1901

54   Hohenzollernring 93–101. Foto 1887

55   Hohenzollernring. Von rechts: Nr. 86, 88 (1887/88); Nr. 86 von Otto Vohl, Nr. 88 von Georg Eberlein. Foto 1888

56   Hohenzollernring zwischen Friesenstraße und Palmstraße. Foto 1885

57   Hohenzollernring 61/Ecke Friesenplatz (1882–1884 von Otto Vohl). Foto 1886

58   Friesenplatz mit Venloer Straße und dem Beginn der Kamekestraße; im Hintergrund der Stadtgarten. Foto um 1886

59   Friesenplatz. Karte um 1901

60   Brabanter Straße 59/Ecke Antwerpener Straße; Glasmalerei (1886/87 von Schneiders und Schmolz). Foto um 1890

61   Hohenzollernring 58, Haus des Architekten Josef Stübben (1884 von J. Stübben)

62   Hohenzollernring 75, 77 (1885/86 von Schreiterer & Schreiber). Foto 1886

63   Hohenzollernring, Blick nach Süden; links Kaiser-Wilhelm-Ring 4. Foto 1886

64   Hohenzollernring. Von rechts: Nr. 36–42 (1884–1886); links die Palmstraße. Foto 1886

65   Hohenzollernring. Von links: Nr. 49, 51–55 (1884/85 von Carl August Philipp), 57

66   Hohenzollernring 37, Haus des Dr. Roeckerath (»Burg Canossa«). Foto 1883

67   Hohenzollernring; links die Limburger Straße. Foto um 1895

68   Hohenzollernring; links die Limburger Straße. Foto um 1902

69   Hohenzollernring; links die Limburger Straße. Foto um 1900

70   Hohenzollernring, Blick nach Süden; rechts die Maastrichter und die Flandrische Straße, im Hintergrund das Opernhaus. Foto um 1905

71   Flandrische Straße 12–20/Lütticher Straße 1–5 (1884/85 von Carl August Philipp). Foto um 1885

72   Hohenzollernring und Ehrenstraße. Foto 1885

73   Rudolfplatz mit Hahnentor. Foto 1891

74   Habsburgerring, Opernhaus (1899–1902 von Carl Moritz)

75 Habsburgerring, Opernhaus (1899–1902 von Carl Moritz). Foto 1904

76 Habsburgerring, Opernhaus, Innenansicht

77 Habsburgerring, Opernhaus, Zuschauerraum

78   Hohenzollernring, Rudolfplatz. Foto 1886

79   Habsburgerring 20–26 (von rechts, neue Zählung), 1886–1890; Nr. 20 von Josef
      Seché, Nr. 22 von Carl Zaar, Nr. 26 von Brunthaler. Foto um 1890

80   Hohenstaufenring 78–70 (1882–1886); ganz links Schaafenstraße 67–69. Foto
      um 1886

81   Hohenstaufenring, Ostseite, Badstraße bis Jahnstraße. Foto 1886

82   Hohenstaufenring 74, Hohenstaufenbad (1884 von Josef Stübben). Foto 1886

83   Hohenstaufenring, Ostseite. Foto 1886

84   Hohenstaufenring 48–54 (1885/86 von Delbermann). Foto um 1888

85   Hohenstaufenring. Von rechts: 30–32 (Eckhaus), 34–60; ganz rechts: Jahnstraße. Foto um 1889

86   Hohenstaufenring, Ostseite, Häuserpartie zwischen Jahnstraße und Friedrichstraße. Foto 1886

87   Herz-Jesu-Kirche von Osten. Foto 1900

88 Barbarossaplatz und Salierring (1886–1890); rechts die Pfälzer Straße. Foto 1890

89   Salierring 69 (von Otto Vohl). Foto 1891

90   Salierring 32, Baugewerbeschule (1885/86 von Hermann Weyer). Foto 1886

91   Salierring, Ostseite. Foto 1886

92   Villengruppe am Sachsenring. Foto 1891

93   Sachsenring, Villa Sachsenring-Trutzenberg (von Otto Vohl). Foto um 1900

94   Sachsenring-Anlagen. Foto 1886

95   Sachsenring, Grabenseite

96   Sachsenring-Anlagen. Foto 1886

97   Sachsenring, Ostseite. Foto 1886

98   Sachsenring 46 (von Wilhelm Kühn). Foto 1891

99   Sachsenring 59 (von Johann Böhm). Foto 1892

100   Sachsenring. Von links: Nr. 44, Ulrepforte mit Wirtschaftssaal, 36 und 38. Foto um 1900

RESTAURANT I. Ranges
ZUR SACHSENBURG
We. F. BODDE

101   Sachsenring 1–5 (1890/91 von Otto Vohl?); links: Karolingerring 31 (1890 von Otto Schlegel). Karte um 1909

102   Chlodwigplatz mit Severinstor. Rechts die Häuser 20–28 (1885/86). Foto um 1890

103   Severinstorburg vom Kartäuserwall aus gesehen. Foto um 1900

104   Ubierring, Wartehalle

WETTBEWERB
WESTLICHE RINGSTRASSE KÖLN
M.1:500
BLICK HAHNENTOR
PASSAGE
STADTMAUER BIS 1880
BLICK NACH ST. GEREON
BLICK NACH ST. MAURITIUS
PERSPEKTIVE 1
PERSPEKTIVE 2

AACHENER STRASSE
RICHARD WAGNER STRASSE
HABSBURGERRING
RUDOLFPLATZ
PASSAGE KIOSK
CAFE RESTAURANT
PARKSPUR
FRIESENWALL
PILGRIMSTRASSE
MAURITIUSWALL
HAHNENPLATZ
NEUE HAHNENSTRASSE
GESTALTUNGSBEISPIEL M 1:100

BISMARCKSTRASSE

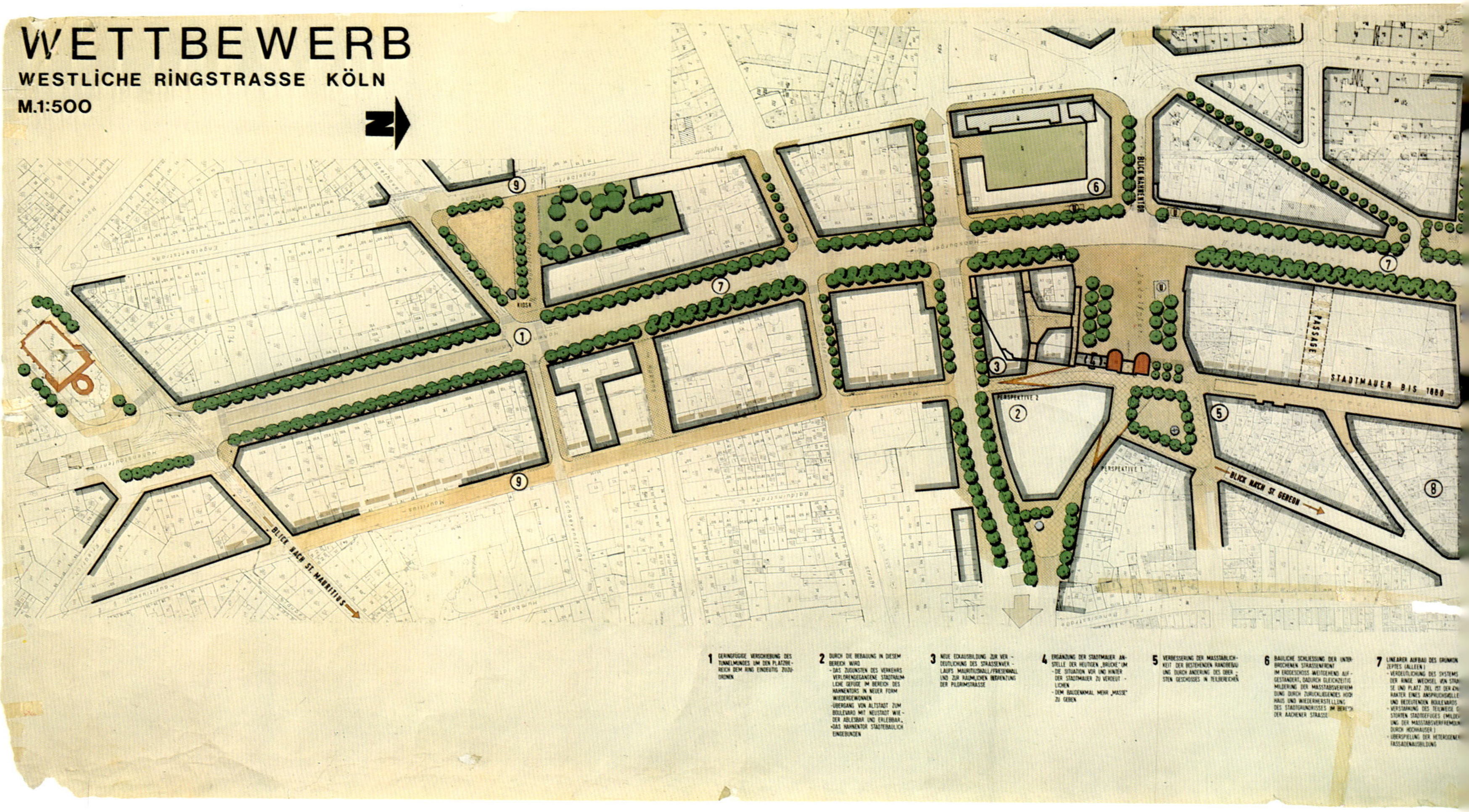

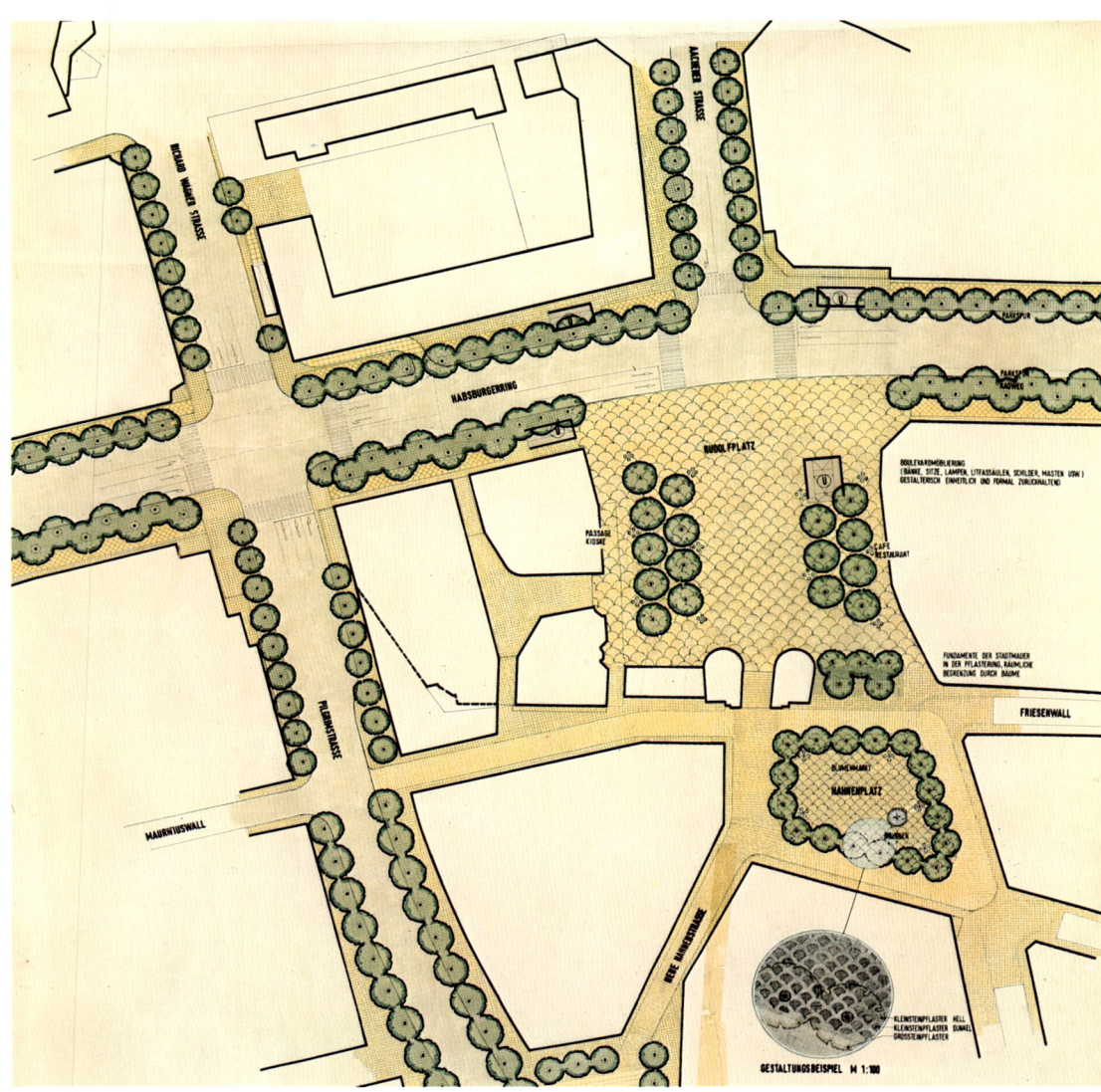

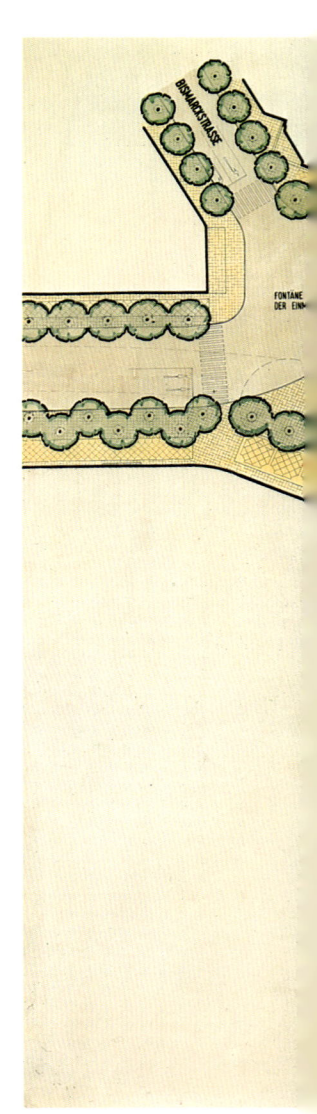